dtv

Mit großer Lebensklugheit, mit Sprachgewalt und geistreichem Witz spiegelt Sören Kierkegaard (1813–1855) in seinem Werk die zahlreichen Facetten menschlichen Daseins wider. Der Begründer der Existenzphilosophie entwickelt dabei ein zeitloses, bis heute gültiges Menschenbild, nach dem jeder Einzelne im Vertrauen auf seine eigenen Fähigkeiten und Möglichkeiten alle wesentlichen Entscheidungen bewußt treffen und damit die Verantwortung für sich selbst und sein Handeln übernehmen sollte. Diese Auswahl an geistvollen, bedenkenswerten, erheiternden und provozierenden Gedanken und Aphorismen bietet dem Leser – der bei der Bewältigung des alltäglichen Lebens bisweilen Zuspruch, Ermunterung und Verständnis sucht – einen ermutigenden Begleiter durch das Wagnis des Lebens. Darüber hinaus eröffnet sich ihm ein Blick auf Kierkegaards vielgestaltiges Schaffen und die Grundzüge seines Denkens.

Die Herausgeberin *Asa A. Schillinger-Kind*, geboren in New Jersey/USA, studierte Philosophie, Germanistik und Romanistik in Hannover. Sie promovierte über die Existenzphilosophie der frühen Neuzeit und Moderne.

Sören Kierkegaard

Es gehört wahrlich Mut dazu

Gedanken über das Leben

Ausgewählt und herausgegeben
von
Asa A. Schillinger-Kind

Deutscher Taschenbuch Verlag

Für J. C. K.
Und für S. K.

Ausführliche Informationen über
unsere Autoren und Bücher
finden Sie auf unserer Website
www.dtv.de

Neuausgabe 2011
Veröffentlicht 2005 im
Deutschen Taschenbuch Verlag GmbH & Co. KG, München
© Deutscher Taschenbuch Verlag, München
Umschlagkonzept: Balk & Brumshagen
Umschlaggestaltung: Lisa Helm
Satz: Karlheinz Hülser, Konstanz
Druck und Bindung: Druckerei C. H. Beck, Nördlingen
Gedruckt auf säurefreiem, chlorfrei gebleichtem Papier
Printed in Germany · ISBN 978-3-423-14012-6

Inhalt

Das, wovon ich hier rede

Einstimmung

Das, wovon ich hier rede, ist etwas ganz Einfaches und Einfältiges, daß die Wahrheit nur für den Einzelnen ist, indem er sie selbst im Handeln hervorbringt.

Der Begriff der Angst S. 610

Was meine Wenigkeit anbelangt, so gestehe ich in aller Aufrichtigkeit, daß ich als Schriftsteller ein König ohne Land bin, aber auch in Furcht und vielem Zittern ein Schriftsteller ohne alle Ansprüche.

Der Begriff der Angst S. 446

Ich bilde mir nicht ein, ich hätte im Leben ein großes Werk zu vollbringen gehabt, ich habe das, welches mir zugewiesen wurde, nicht verschmäht, und wenn es auch gering war, so ist es doch zugleich auch mein Werk gewesen, dieses Werkes froh zu sein, obwohl es so gering war.

Entweder – Oder S. 624

Ich bin, so verstehe ich mich selbst, durch eigenes Denken gerade so sehr entwickelt, durch Lesen so sehr gebildet, durch Existieren so sehr in mir selbst orientiert, daß ich imstande bin, ein Lehrling zu sein, ein Lernender, was schon eine Aufgabe ist.

Unwissenschaftliche Nachschrift S. 836

Dieses Leben ist gefahrvoll, aber mit der Vorstellung, es zu verlieren, ist man vertraut; denn das ist ja der eigentliche Genuß: so im Unendlichen zu verschwinden, daß nur so viel übrig bleibt, daß man dieses Verschwinden genießt.

Entweder – Oder S. 620

Und dies ist das Wunderbare im Leben, daß jeder Mensch, der auf sich selbst achtet, weiß, was keine Wissenschaft weiß, wer er selbst ist, ...

Der Begriff der Angst S. 534

Die Wahrheit, in der ich ruhe, war in mir selbst und kam durch mich selbst zum Vorschein, ...

Philosophische Brosamen S. 20 f.

Was nun meine Meinung ist? ... Niemand frage mich danach, und nächst dem, ob ich eine Meinung habe, kann ja nichts einem andern gleichgültiger sein, als welches meine Meinung ist. Eine Meinung zu haben ist mir sowohl zu viel als zu wenig, setzt eine Sicherheit und ein Wohlbefinden in Existenz voraus gleich wie im Erdenleben Weib und Kind haben, was dem nicht vergönnt ist, der Tag und Nacht unterwegs sein muß, ohne doch sein sicheres Auskommen zu haben. In der Welt des Geistes ist dies mein Fall, denn dazu habe ich mich gebildet und bilde ich mich, im Dienst des Gedankens immer leicht dahintanzen zu können, soweit möglich dem Gott zu Ehren und zu meinem eigenen Vergnügen, auf die häusliche Glückseligkeit und die bürgerliche Achtung ... und die Eintracht der Freuden renoncierend [verzichtend], was alles dem zuteil wird, der eine Meinung hat.

Philosophische Brosamen S. 15

Es versteht sich, ich habe auch keine Frau, die sagen könnte, daß ich, weiß Gott, ein netter Mensch sei; ich muß mich ganz und gar mit mir selbst herumschlagen. Der einzige, der mich tröstet, ist Sokrates.

Unwissenschaftliche Nachschrift S. 297

Nur mein Leben habe ich, das ich jedesmal sofort aufs Spiel setze, wenn sich eine Schwierigkeit zeigt. Da geht das Tanzen leicht, denn der Gedanke an den Tod ist eine flinke Tänzerin, meine Tänzerin, jeder Mensch ist mir zu schwer; und deshalb, ich bitte ...: niemand fordere mich zum Tanze auf, denn ich tanze nicht.

Philosophische Brosamen S. 16

Ohne meine eigenen Waren anzupreisen, darf ich geloben, daß der, welcher aufmerksam lesen will, Aufklärung genug in dieser Schrift finden wird, denn ich bin nicht unbekannt mit meiner Zeit und dem, was in ihr gärt, ich folge mit, wenn auch wie einer, der zwar im selben Schiff segelt, aber doch eine Kajüte für sich hat, nicht in Qualität von etwas Außerordentlichem, als hätte ich Autorität, nein, in Qualität eines Sonderlings, der nichts weniger hat als Autorität. Ich habe weder, da ich als Schriftsteller begann, Autorität gehabt, noch später eine erworben, wie ich überhaupt keine sonderliche Bedeutung für meine ernsthafte Mitzeit habe, – ja, es sollte denn sein, daß ich sie mit Hilfe meiner Hosen bekommen hätte, die in so eminentem Grad Sensation erweckt und eines hochgebildeten Publikums besonderes Interesse sich zugezogen haben. Es ist wie Zauberei mitten im 19. Jahrhundert; es ist wie in 1001 Nacht – ein paar alte graue Hosen bringen alles in Vergessenheit ... Eine solche faktische Begebenheit hat wirklich ihre Bedeutung, sie ist ein Zug, der ausgezeichnet das Urteil des Publikums überhaupt charakterisiert; und sie hat auch hier ihre Bedeutung, weshalb sie ein klein wenig verewigt zu werden verdient, als ein Beitrag zur Zeitgeschichte, um zu sehn, was das Kopenhagener Publikum ganz besonders beschäftigte, denn was den Augenblick ausgefüllt hat, sagen die Weisen der Zeit, lebt ewig; wenn also meine Schriften längst vergessen sind, werden meine Hosen, wiewohl längst zerschlissen, ewig leben.

Das Buch Adler S. 338f.

Mein lieber Leser!
Verzeih, daß ich so vertraulich zu Dir spreche, aber wir sind ja unter uns. Obgleich Du nämlich eine poetische Person bist, bist Du für mich jedoch keineswegs eine Mehrzahl, sondern nur einer, so sind wir doch bloß Du und ich.

Die Wiederholung S. 432

Welch ein Genuß, sich in sich selbst zu bewegen

Sinnenfreude

Die meisten Menschen hasten so sehr dem Genusse nach, daß sie an ihm vorüberhasten.

Entweder – Oder S. 38

Genieße das Leben, ... genieße dich selbst; im Genuß sollst du dich selbst genießen.

Entweder – Oder S. 744

Nun ist es zwar wahr, daß man nicht in einer fliehenden Hoffnung verschwinden und daß man nicht eben auf diese Weise in den Wolken verklärt werden soll, aber um in Wahrheit zu genießen, muß man Luft haben, und nicht allein im Augenblick der Trauer gilt es, den Himmel offen zu haben, auch in der Zeit der Freude kommt es darauf an, daß man eine freie Aussicht hat und die Flügeltüren angelweit offen stehen.

Entweder – Oder S. 548

Hier haben wir eine Lebensanschauung, die lehrt, daß Gesundheit das köstlichste Gut sei, das, worum alles sich dreht. Einen poetischeren Ausdruck erhält dieselbe An-

schauung, wenn es heißt: Schönheit ist das Höchste ...
Beide Lebensanschauungen sind darin einig, daß man das
Leben genießen soll; die Bedingung hierfür liegt im In-
dividuum selbst, ...

Entweder – Oder S. 732ff.

Wir gehen weiter. Wir treffen Lebensanschauungen,
welche lehren, daß man das Leben genießen solle, die
Bedingung dafür aber außerhalb des Individuums legen.
Dies ist bei jeder Lebensanschauung der Fall, in welcher
Reichtum, Ehre, Adel usw. zur Aufgabe des Lebens und
zu seinem Inhalt gemacht werden.

Entweder – Oder S. 734

Wir gehen weiter. Wir begegnen Lebensanschauungen,
welche lehren, daß man das Leben genießen solle, die
Bedingung dafür aber liegt im Individuum selbst ... Die
Persönlichkeit ist hier im allgemeinen als Talent bestimmt.
Es ist ein praktisches Talent, ein merkantilisches [kauf-
männisches] Talent, ein mathematisches Talent, ein dich-
terisches Talent, ein künstlerisches Talent, ein philoso-
phisches Talent. Die Befriedigung im Leben, der Genuß
wird in der Entfaltung dieses Talents gesucht.

Entweder – Oder S. 735

Alle diese Lebensanschauungen ... gleichen ... einander
auch darin, daß sie eine gewisse Einheit haben, einen gewissen Zusammenhang, und zwar ist es ein Bestimmtes,
um das alles sich dreht. Worauf sie ihr Leben gründen, das
ist an sich etwas Einfaches, und darum zersplittert es nicht

so wie dasjenige derer, die ihr Leben auf das in sich Mannigfaltige gründen.

Entweder – Oder S. 735

Der Befriedigung seiner Lust zu leben, das ist nun freilich eine sehr vornehme Stellung im Leben, und gottlob sieht man dies nur selten durchgeführt, wegen der Beschwerlichkeiten des irdischen Lebens, die dem Menschen anderes zu denken geben. Wäre dies nicht der Fall, so würden wir ... oft genug Zeuge dieses entsetzlichen Schauspiels sein; denn soviel ist gewiß, man hört die Leute oft genug darüber klagen, daß sie sich durch das ... Leben beengt fühlen, was leider vielfach nichts anderes besagen will, als daß sie danach verlangen, sich in all der Wildheit auszutoben, in welche die Lust einen Menschen hinwirbeln kann. Damit nämlich diese Anschauung sich durchführen lasse, muß das Individuum im Besitz einer Menge äußerer Bedingungen sein, und dieses Glück oder vielmehr Unglück wird einem Menschen selten zuteil; dieses Unglück, denn wahrlich nicht von den gnädigen, sondern von den zornigen Göttern kommt dies Glück.

Entweder – Oder S. 736

Die zu früh die Süße der Liebe gekostet, im Rausch der Jugend ihre Freuden genossen haben, die haben vielleicht eine irrige Anschauung von dem andern Geschlecht bekommen. Sie sind vielleicht gegen das andere Geschlecht ungerecht geworden. Sie haben vielleicht durch ihren Leichtsinn teure Erfahrungen erkauft, haben vielleicht bei sich selbst an Gefühle geglaubt, die sich als unbeständig erwiesen; oder bei andern an Gefühle, die wie ein Traum verflogen.

Entweder – Oder S. 896

Genießt man frischweg bis zum letzten, nimmt man beständig das Höchste mit, was der Genuß gewähren kann, so wird man weder imstande sein, sich zu erinnern, noch zu vergessen. Man hat dann nämlich nichts, dessen man sich erinnern könnte, als eine Übersättigung, die man nur zu vergessen wünscht, die einen aber nun mit unfreiwilliger Erinnerung plagt. Wenn man daher spürt, daß der Genuß oder ein Lebensmoment einen zu stark hinreißt, so hält man einen Augenblick inne und erinnert sich.

Entweder – Oder S. 341

Es ist ein eigenes Gefühl, wenn man mitten im Genuß auf ihn sieht, um sich zu erinnern.

Entweder – Oder S. 341

Wer ethisch lebt, der vernichtet nicht etwa die Stimmung, er sieht sie einen Augenblick an, dieser Augenblick aber rettet ihn davor, im Moment zu leben, dieser Augenblick gibt ihm die Herrschaft über die Lust; denn die Kunst, die Lust zu beherrschen, liegt nicht so sehr darin, daß man sie vernichtet oder ihr ganz und gar entsagt, als darin, daß man den Augenblick bestimmt. Nimm, welche Lust Du willst, ihr Geheimnis, ihre Macht liegt darin, daß sie absolut im Moment ist. Nun hört man die Leute vielfach sagen, das einzige Mittel sei, daß man sich ihrer gänzlich enthalte. Dies ist eine sehr verkehrte Methode, die denn auch nur eine Zeitlang Erfolg hat. Denke Dir einen Menschen, der dem Spiel verfallen ist. Die Lust erwacht mit all ihrer Leidenschaft, es ist, als stünde sein Leben auf dem Spiel, wenn sie nicht befriedigt würde; ist er imstande, zu sich selber zu sagen: In diesem Augenblick will ich nicht, erst in einer Stunde will ich, so ist er geheilt. Diese Stunde ist die Kontinuierlichkeit, die ihn rettet.

Entweder – Oder S. 791

Schon des öfteren habe ich im Leben bemerkt, daß, je köstlicher das Fluidum, in dem ein Mensch sich berauscht, um so schwieriger seine Heilung ist, der Rausch ist schöner und die Folgen scheinbar nicht so verderblich. Wer sich in Branntwein berauscht, der spürt bald die verderblichen Folgen, und man kann auf seine Rettung hoffen. Wer Champagner verwendet, ist schwerer zu heilen.

Entweder – Oder S. 749

Es gibt kein besseres Mittel, sich den Geschmack daran, daß man den Genuß zu lange auskostet, zu verleiden. Man hält von Anfang an den Genuß im Zaume; setzt nicht für jeden Entschluß alle Segel bei; man gibt sich mit einem gewissen Mißtrauen hin, erst dann ist man imstande, das Sprichwort Lügen zu strafen, das da sagt, man könne nicht zugleich den Sack und den Beutel füllen.

Entweder – Oder S. 341

Du weißt nun recht gut darüber Bescheid, daß der intensivste Genuß darin liegt, den Genuß mit dem Bewußtsein

festzuhalten, daß er im nächsten Augenblick vielleicht
schon vergeht.

Entweder – Oder S. 549

Und nun des Lebens unschuldige Freuden! Das muß
man ihnen lassen, sie haben nur *einen* Fehler: daß sie so
unschuldig sind. Zudem müssen sie mit Maßen genossen
werden.

Entweder – Oder S. 35

Man muß sich beschränken, das ist eine Hauptbedingung
allen Genusses ... Welch ein Genuß, auf bewegtem Wasser dahinzuschaukeln – welch ein Genuß, sich in sich
selbst zu bewegen.

Entweder – Oder S. 378

Der eigentliche Genuß liegt nicht in dem, was man genießt, sondern in der Vorstellung.

Entweder – Oder S. 41

Cordelia! Cordelia!

Die Kunst der Verführung

Die meisten genießen ein junges Mädchen, wie sie ein Glas Champagner genießen, in einem schäumenden Augenblick, ach ja, das ist recht hübsch, und bei manchem jungen Mädchen ist es wohl auch das Höchste, wozu man es bringen kann; ...

Entweder – Oder S. 397

Das Sinnliche ist ... das Momentane. Das Sinnliche sucht die augenblickliche Befriedigung, und je verfeinerter es ist, um so mehr weiß es den Augenblick des Genusses zu einer kleinen Ewigkeit zu machen.

Entweder – Oder S. 545

Sinnliche Liebe ist ihrem Begriffe nach nicht treu, sondern absolut treulos, sie liebt nicht eine, sondern alle, das heißt: sie verführt alle. Sie existiert nämlich nur im Moment, der Moment aber ist begrifflich gedacht eine Summe von Momenten, und damit haben wir den Verführer ... Diese ihre Treulosigkeit zeigt sich aber auch noch auf andere Weise: sie wird nämlich immer nur eine

Wiederholung sein. Die seelische Liebe hat in doppeltem Sinne das Dialektische [die innere Gegensätzlichkeit] in sich. Teils hat sie nämlich den Zweifel und die Unruhe in sich, ob sie auch glücklich werden, ihren Wunsch erfüllt sehen und geliebt werden wird. Diese Sorge hat die sinnliche Liebe nicht.

Entweder – Oder S. 114

Um Verführer zu sein, bedarf es stets einer gewissen Reflexion und Bewußtheit, und sobald diese vorhanden ist, mag es angebracht sein, von Schlauheit und Ränken und listigen Anläufen zu sprechen.

Entweder – Oder S. 119

Keine Ungeduld, keine Gier, alles will in langsamen Zügen genossen sein; sie ist ausersehen, sie wird schon noch eingeholt werden.

Entweder – Oder S. 367f.

Das gesellschaftliche Leben bringt einen zwar in Berührung mit dem schönen Geschlecht, aber es hat keine Art, wenn man die Geschichte dort anfangen muß. Im gesellschaftlichen Leben ist jedes junge Mädchen gewappnet, die Situation dürftig und immer wieder vorgekommen, das Mädchen erfährt keine wollüstige Erschütterung. Auf der Straße ist sie auf offener See, und deshalb wirkt alles stärker, wie auch alles rätselhafter ist. Ich gebe hundert Reichstaler für das Lächeln eines jungen Mädchens in einer Straßensituation, keine zehn Reichstaler für einen

Händedruck in einer Gesellschaft, das sind ganz verschiedene Währungen.

Entweder – Oder S. 379

Cordelia heißt sie also, Cordelia! Es ist ein schöner Name, auch das ist von Wichtigkeit, da es oft sehr störend wirken kann, in Verbindung mit den zärtlichsten Prädikaten einen unschönen Namen nennen zu müssen.

Entweder – Oder S. 390

Cordelia! Es ist doch ein herrlicher Name. Ich sitze zu Hause und übe mich, wie ein Papagei zu sprechen, ich sage: Cordelia, Cordelia, meine Cordelia, du meine Cordelia. Ich kann mich des Lächelns nicht enthalten bei dem Gedanken an die Routine, mit der ich in einem entscheidenden Augenblick einmal diese Worte aussprechen werde. Man muß immer Vorstudien machen, alles muß zurechtgelegt sein.

Entweder – Oder S. 398

Je mehr Hingabe man in die Liebe hineinbringen kann, um so interessanter. Dieser Augenblicksgenuß ist, wenn auch nicht in äußerem, so doch in geistigem Sinne, eine Notzucht, und eine Notzucht bietet immer nur einen eingebildeten Genuß, sie ist, wie ein geraubter Kuß, etwas, das keine Art hat. Nein, wenn man es dahin bringen kann, daß ein Mädchen für ihre Freiheit nur eine einzige Aufgabe hat, nämlich die, sich hinzugeben, daß sie ihre ganze Seligkeit darin empfindet, daß sie sich diese Hingabe geradezu erbettelt und doch frei ist, erst dann gibt es Genuß, dazu aber gehört stets ein geistiger Einfluß.

Entweder – Oder S. 397f.

Erst muß ich sie und ihren ganzen geistigen Zustand kennen, ehe ich meinen Angriff beginne.

Entweder – Oder S. 397

Die Frage wird immer sein, ob ihre Weiblichkeit stark genug ist, um sie sich reflektieren zu lassen, oder ob sie bloß als Schönheit und Anmut genossen sein will; die Frage ist, ob man den Bogen höher spannen darf.

Entweder – Oder S. 401

Die Kunst ist, in bezug auf Eindrücke so empfänglich wie möglich zu sein, zu wissen, welchen Eindruck man auf jedes Mädchen macht und welchen man von jedem Mädchen empfängt. Auf diese Weise kann man sogar in viele auf einmal verliebt sein, weil man in jede einzelne verschieden verliebt ist. Eine einzige zu lieben, ist zuwenig; alle zu lieben, ist Oberflächlichkeit; sich selber kennen und so viele wie möglich lieben, seine Seele alle Mächte der Liebe in sich verbergen zu lassen, derart, daß jede ihre bestimmte Nahrung erhält, während das Bewußtsein doch das Ganze umfaßt – das ist Genuß, das heißt leben.

Entweder – Oder S. 421

Was ist Verlangen? Die Sprache und die Dichter reimen darauf das Wort: gefangen. Wie ungereimt! ... Mein Verlangen ist eine ewige Ungeduld.

Entweder – Oder S. 461

Obwohl sie mir gehören soll, darf dies doch nicht identisch sein mit dem Unschönen, daß sie wie eine Last auf mir ruht. Sie darf mir weder in physischer Beziehung ein Anhängsel, noch in moralischer Beziehung eine Verpflichtung sein. Zwischen uns beiden soll nur das eigene Spiel der Freiheit herrschen. Sie soll mir so leicht sein, daß ich sie auf meinen Arm nehmen kann.

Entweder – Oder S. 420

Nun ist es vorbei, und ich wünsche sie nie mehr zu sehen. Wenn ein Mädchen alles hingegeben hat, so ist sie schwach, so hat sie alles verloren ... Ich habe sie geliebt; doch von nun an kann sie meine Seele nicht mehr beschäftigen.

Entweder – Oder S. 521

Es ist verächtlich, ein Mädchen zu betrügen und zu verführen; aber es ist verächtlicher, ein Mädchen auf die Weise zu verlassen, daß man nicht einmal zu einem Schlingel wird, sondern eine glanzvollere Retraite [Rückzug] vornimmt, indem man sie mit der Erklärung abspeist, sie sei nicht das Ideal gewesen, und sie damit tröstet, sie sei die Muse gewesen. Derlei läßt sich wohl machen, wenn man etwas Übung darin hat, ein Mädchen zu beschwätzen, in der Stunde der Not nimmt sie wohl auch die Erklärung an, man kommt gut davon, wird zu einem anständigen Menschen, sogar liebenswürdig, und hinterher ist sie im Grunde tiefer gekränkt als eine, die sich betrogen *weiß*.

Die Wiederholung S. 342

Ein junges Mädchen sollte gerade so vorsichtig sein, nie das Interessante hervorzulocken; das Mädchen, das es tut, verliert immer, ... welche es nicht tut, die trägt immer den Sieg davon ... Ein Mädchen, das das Interessante will, wird zur Schlinge, in der sie sich selbst fängt.

Die Wiederholung S. 349ff.

Aufrichtig das Wahre wollen

Facetten der Liebe

Was ist denn ein Mensch ohne Liebe?

Entweder – Oder S. 774

Mit einem Knall muß die Blüte der Liebe sich öffnen, das Gefühl will wie Champagner mit Macht seinen Riegel sprengen.

Entweder – Oder S. 281

Es ist doch die schönste Zeit, die erste Periode der Liebe, wenn man bei jeder Zusammenkunft, jedem Blick etwas Neues heimbringt, um sich daran zu erfreuen.

Entweder – Oder S. 33

Es ist eine der Lieblingsideen der ersten Liebe, daß sie auf eine unbewohnte Insel fliehen möchte ... Der Fehler liegt darin, daß die erste Liebe glaubt, sie lasse sich auf keine andere Weise realisieren als durch die Flucht.

Entweder – Oder S. 644

Was kann ein Mädchen nicht ersinnen, um den Gelieb-ten zu begütigen, wenn sie glaubt, er sei erzürnt; selbst

wenn sie etwas Lächerliches ersinnt, heiligt nicht doch die
Liebe in ihr das Lächerliche?

Unwissenschaftliche Nachschrift S. 745

Aber gestehe selbst, und sage es zu dir selber: was würdest
du von einer Liebenden halten, die dem Geliebten nur
dann angehören will, wenn er alle Schwierigkeiten über-
wunden, in allen Gefahren gesiegt hätte, also von einer
Liebenden, die nur in der Herrlichkeit lieben könnte?
Wäre das Liebe?

Einübung im Christentum S. 186

Die Eigenliebe liegt der Liebe zugrunde, aber ihre para-
doxe [widersinnige] Leidenschaft will auf dem Höhe-
punkt gerade ihren eigenen Untergang. Das will die Liebe
auch, und auf diese Weise befinden sich diese beiden
Mächte in der Leidenschaft des Augenblicks im Einverständnis miteinander, und diese Leidenschaft ist gerade die
Liebe.

Philosophische Brosamen S. 60 f.

In der Leidenschaft ist das existierende Subjekt in der
Ewigkeit der Phantasie unendlich gemacht und doch zugleich eben am allerbestimmtesten es selbst.

Unwissenschaftliche Nachschrift S. 338

Obgleich ... Liebe sich wesentlich auf das Sinnliche
gründet, ist sie doch edel durch das Bewußtsein der Ewigkeit, das sie in sich aufnimmt; denn das eben unterscheidet
alle Liebe von Wollust, daß sie ein Gepräge der Ewigkeit

an sich trägt. Die Liebenden sind innig überzeugt, daß ihr
Verhältnis ein in sich vollendetes Ganzes ist, das sich niemals wird ändern können.

Entweder – Oder S. 544

Eben deshalb kann man es unverkennbar an jedem Menschen beobachten, ob er in Wahrheit verliebt gewesen ist.
Es liegt eine Verklärung, eine Vergöttlichung darin, die
sich sein ganzes Leben lang erhält.

Entweder – Oder S. 571

Das eigentlich Konstituierende [Bedingende], das Sub-
stantielle ist offenbar die Liebe ... Sobald diese fortge-
nommen wird, ist das Zusammenleben entweder eine
bloße Befriedigung sinnlicher Lust, oder es ist ... eine
Partnerschaft zur Erreichung irgendeines Zweckes; die
Liebe aber trägt eben die Bestimmung der Ewigkeit in
sich, ob es sich nun um die abergläubische, abenteuerli-
che, ritterliche Liebe handelt, oder um die tiefere sittliche,
von einer kräftigen und lebendigen Überzeugung durch-
drungene religiöse Liebe.

Entweder – Oder S. 558

Die seelische Liebe bewegt sich gerade in der reichen
Mannigfaltigkeit des individuellen Lebens, wo die Nu-
ancen das eigentlich Bedeutungsvolle sind. Die sinnliche
Liebe dagegen kann alles in einen Topf werfen ... Die
seelische Liebe ist ein Bestehen in der Zeit, die sinnliche
ein Verschwinden in der Zeit, ...

Entweder – Oder S. 115

Wie jeder Rausch, so kann auch ein Rausch der Liebe auf zweierlei Weise wirken, entweder erhöhte durchsichtige Lebensfreude oder zu verdichteter unklarer Schwermut.

Entweder – Oder S. 95

Es ist in der Welt viel von unglücklicher Liebe geredet worden, jeder weiß ja, was dies Wort bedeutet: daß die Liebenden einander nicht bekommen können; und die Gründe, ja deren kann es sehr viele geben ... Das Unglückliche liegt nicht darin, daß die Liebenden einander nicht bekommen können, sondern daß sie einander nicht verstehen können. Und dieser Kummer ist ja unendlich viel tiefer als jener andere, von dem die Menschen reden; denn dies Unglück zielt auf das Herz in der Liebe und verwundet für eine Ewigkeit, nicht wie jenes andere Unglück, das nur das Äußere und Zeitliche trifft und das für den Großmütigen nur wie ein Scherz darüber ist, daß die Liebenden einander in der Zeit nicht bekommen.

Philosophische Brosamen S. 35f.

Die Liebe der Wiederholung ist in Wahrheit die einzig glückliche. Sie hat nicht wie die der Erinnerung die Unruhe der Hoffnung, nicht die beängstigende Abenteuerlichkeit der Entdeckung, aber auch nicht die Wehmut der Erinnerung, sie hat die selige Gewißheit des Augenblicks. Die Hoffnung ist ein neues Kleid, steif und straff und glänzend, doch hat man es noch nie angehabt und weiß daher nicht, wie es einen kleiden wird, oder wie es sitzt. Die Erinnerung ist ein abgelegtes Kleid, das, wie schön es auch sein mag, doch nicht paßt, weil man ihm entwachsen ist. Die Wiederholung ist ein unverwüstliches Kleid, das fest und zart umschließt, nicht drückt und nicht lose hängt. Die Hoffnung ist ein entzückendes Mädchen, das einem zwischen den Händen entschlüpft; die Erinnerung ist eine schöne alte Frau, mit der einem doch nie im Augenblick gedient ist; die Wiederholung ist ein geliebtes Eheweib, dessen man nie überdrüssig wird; denn überdrüssig wird man nur des Neuen.

Die Wiederholung S. 330

Offenherzigkeit, Aufrichtigkeit, Öffentlichkeit im denkbar größten Maßstab; denn das ist das Lebensprinzip der Liebe, und Heimlichkeit hier ist ihr Tod. Das ist indessen nicht so leicht getan wie gesagt, und es gehört wahrlich Mut dazu, es konsequent durchzuführen ... Es gehört Mut dazu, sich so zeigen zu wollen, wie man in Wahrheit ist; es gehört Mut dazu, sich von einer kleinen Demütigung nicht loskaufen zu wollen, wenn man es durch eine gewisse Heimlichkeit könnte ... Es gehört Mut dazu ..., ganz ehrlich und aufrichtig das Wahre zu wollen.

Entweder – Oder S. 644f.

In jedem Menschen ist etwas, was ihn bis zu einem gewissen Grade daran hindert, sich selber völlig durchsichtig zu werden, und zwar kann dies in so hohem Maße der Fall sein, kann er so unerklärlich in Lebensverhältnisse, die über ihn selbst hinausliegen, verflochten sein, daß er sich fast nicht mehr zu offenbaren vermag; wer sich aber nicht offenbaren kann, der kann nicht lieben, und wer nicht lieben kann, der ist der Unglücklichste von allen.

Entweder – Oder S. 708

Liebe ist Hingabe, Hingabe aber ist nur dadurch möglich, daß ich aus mir selber herausgehe … Wer … liebt, hat sich selbst in einem anderen verloren, indem er sich aber in dem andern verloren und vergessen hat, ist er dem andern offenbar, und indem er sich selbst vergißt, wird seiner in dem andern gedacht.

Entweder – Oder S. 650f.

Das eheliche Leben darf kein Schlafrock sein
Über die Ehe

Ich weiß nicht, in welchem Zeitalter die Welt sich jetzt befindet, aber das weißt Du so gut wie ich, daß man zu sagen pflegt, erst komme das goldene Zeitalter, dann das silberne, dann das kupferne, dann das eiserne. In der Ehe ist es umgekehrt, dort kommt zuerst die silberne Hochzeit, danach die goldene Hochzeit. Oder ist nicht die Erinnerung die eigentliche Pointe bei einer solchen Hochzeit?

Entweder – Oder S. 689

Die Ehe soll ... die Liebe nicht hervorrufen, vielmehr sie setzt sie voraus, setzt sie jedoch nicht voraus als ein Vergangenes, sondern als ein Gegenwärtiges.

Entweder – Oder S. 562

So ist es ja nicht Innerlichkeit in der Liebe, siebenmal dänische Mädchen zu heiraten, und dann auf die französischen, die italienischen und so weiter los zu gehen, sondern eine und dieselbe zu lieben und sich doch beständig in derselben Liebe zu erneuern, so daß diese im Blühen der Stimmung und der Üppigkeit beständig neu ist, ...

Unwissenschaftliche Nachschrift S. 410f.

Die Liebe öffnet sich gewöhnlich durch die Ehe, und sofern man diese eine Blume nennen will, kann man sie treffend eine Passionsblume nennen.

Entweder – Oder S. 281

Die Ehe gibt daher dem Menschen eigentlich erst seine positive Freiheit, weil dieses Verhältnis sich über sein ganzes Leben ausdehnen kann, über das Kleinste wie über das Größte. Sie macht ihn frei von einer gewissen unnatürlichen Verlegenheit in natürlichen Dingen, ... sie macht ihn frei davon, in Gewohnheit zu stagnieren, indem sie eine frische Strömung unterhält; macht ihn frei von Menschen eben dadurch, daß sie ihn an *einen* Menschen bindet.

Entweder – Oder S. 598f.

Zur Ehe gehört nie etwas anderes als das eigene »Warum« der Ehe, dieses aber ist unendlich ... Eine der scheinbar anständigsten Antworten, die man auf dieses »Warum« der Ehe gibt, lautet: Die Ehe ist eine Schule des Charakters, man heiratet, um seinen Charakter zu veredeln und auszubilden.

Entweder – Oder S. 595f.

In der Ehe kommt man mit großen Leidenschaften nicht weiter, man kann nichts vorwegnehmen, man kann nicht dadurch, daß man einen Monat in großem Maßstabe liebevoll ist, für eine andere Zeit Genüge tun; hier gilt es, daß ein jeglicher Tag seine eigene Plage hat, aber auch seinen eigenen Segen.

Entweder – Oder S. 601

Die Kunst ist, in der Mannigfaltigkeit zu bleiben und doch das Geheimnis zu bewahren ... Das eheliche Leben darf kein Schlafrock sein, in dem man es sich bequem macht, aber auch kein Schnürleib, der die Bewegungen behindert; es darf keine Arbeit sein, die anstrengende Vorbereitung erfordert, aber auch keine dissolute [zügellose] Bequemlichkeit; es muß das Gepräge des Zufälligen tragen, und doch muß man entfernt eine Kunst ahnen; ... man muß nicht gerade jeden Tag, an dem man zusammen ißt, seinen Namenszug auf den Kuchen setzen lassen, aber eine leise telegraphische Anspielung ist durchaus erlaubt. Es gilt, den Punkt, da man den Kreislauf der Bewegung ahnt, den Punkt, da die Wiederholung beginnt, so weit entfernt wie möglich zu halten, und da er doch nicht ganz ferngehalten werden kann, gilt es, sich so eingerichtet zu haben, daß eine Variation möglich wird.

Entweder – Oder S. 644ff.

So lange wie möglich soll man einander bis zu einem gewissen Grade rätselhaft bleiben ... Man muß sich vor jeder Übersättigung und jedem Nachgeschmack hüten.

Entweder – Oder S. 647

So heißt das Pathos der Ehe Handeln, das der Verliebtheit Poesie.

Unwissenschaftliche Nachschrift S. 563

Besitzen ist ... ein Rückwärts-Erobern ... Zum Erobern gehört Stolz, zum Besitzen Demut; zum Erobern gehört Heftigkeit, zum Besitzen Geduld; zum Erobern – Begehr-

lichkeit, zum Besitzen − Genügsamkeit . . . Das wahrhaft
Große besteht also nicht im Erobern, sondern im Besitzen.

Entweder − Oder S. 675ff.

Die eheliche Liebe hat ihren Feind . . . in der Zeit, ihren
Sieg in der Zeit, ihre Ewigkeit in der Zeit, so daß sie
stets ihre Aufgabe haben würde . . . Sie ist treu, beständig,
demütig, geduldig, langmütig, nachsichtig, aufrichtig, ge-
nügsam, wachsam, achtsam, willig, fröhlich.

Entweder − Oder S. 685f.

Die eheliche Liebe kommt nicht mit äußerlichen Gebär-
den, nicht wie der reiche Vogel mit Saus und Gebraus,
sondern sie ist eines stillen Geistes unvergängliches Wesen.

Entweder − Oder S. 686

So ist denn die Ehe sinnlich, zugleich aber geistig, frei
und zugleich notwendig, absolut in sich selbst und weist
zugleich innerhalb ihrer selbst über sich selbst hinaus.

Entweder − Oder S. 593

Dies steht also zwischen uns fest: als Moment betrachtet,
ist die eheliche Liebe nicht nur ebenso schön wie die erste,
sondern noch schöner, weil sie in ihrer Unmittelbarkeit
eine Einheit in mehreren Gegensätzen enthält. Es ist also
nicht so: die Ehe ist eine höchst respektable, aber lang-
weilige moralische Person, die Liebe Poesie; nein, die Ehe
ist recht eigentlich das Poetische.

Entweder − Oder S. 634f.

32

Wenn eine Ehe fortwährend über die Realität der Ehe reflektieren wollte, würde sie von selbst eine mittelmäßige Ehe; denn die Kraft, die zur Realisation der Aufgaben des ehelichen Lebens dienen sollte, wird dazu gebraucht, durch Reflexion den Grund zu verzehren.

Das Buch Adler S. 347

Es zeigt, wie durchreflektiert die Zeit ist, daß sie sich mit ... einer Vernunftehe behelfen muß. Sofern eine solche Verbindung auf die eigentliche Liebe verzichtet, ist sie wenigstens konsequent, gibt aber damit zugleich zu erkennen, daß sie eine Lösung der Aufgabe nicht ist. Eine Verstandesehe ist daher als eine Art Kapitulation zu betrachten, welche die Verwicklungen des Lebens notwendig machen ... Sie wird darum auch gern zwischen Personen eingegangen, welche ... gelernt haben, daß die eigentliche Liebe eine Illusion ist ... Das Ewige, das ... zu jeder Ehe dazu gehört, ist hier also eigentlich nicht zugegen; denn eine Verstandesberechnung ist immer zeitlich. Eine derartige Verbindung ist daher zugleich unsittlich und zerbrechlich.

Entweder – Oder S. 551f.

Was Wunder also, daß das Weib sich emanzipieren will, eine der vielen unschönen Erscheinungen unserer Zeit, an denen die Männer schuld sind.

Entweder – Oder S. 546

Wenn man daher heutzutage eine große Neigung findet, die Ehe zu neutralisieren, so nicht etwa deshalb, weil man wie im Mittelalter das ehelose Leben für vollkommener hielte, vielmehr hat es seinen Grund in Feigheit, in Genußsucht. Zugleich wird es einleuchten, daß derartige, auf bestimmte Zeit geschlossene Ehen zu nichts nützen, da sie dieselben Schwierigkeiten mit sich bringen wie jene, die für das ganze Leben geschlossen sind, und dabei so weit davon entfernt sind, den Betreffenden Kraft zum Leben zu geben, daß sie vielmehr die innerste Kraft des ehelichen Lebens entnerven, jene Energie des Willens erschlaffen lassen und jenen Segen des Vertrauens mindern, wie die Ehe sie besitzt.

Entweder – Oder S. 550f.

Überhaupt ist es einer Frau gewiß noch niemals eingefallen, etwas gegen die Ehe zu haben, und es wird ihr in alle Ewigkeit nicht einfallen, wenn die Männer sie nicht selbst verderben; denn eine emanzipierte Frau könnte wohl schon auf dergleichen verfallen. Das Ärgernis geht stets von den Männern aus; denn der Mann ist stolz, er will alles sein, will nichts über sich haben.

Entweder – Oder S. 583

Ein jeder Stand hat seine Verräter, auch der Ehestand. Ich meine natürlich nicht die Verführer, denn die sind ja nicht in den heiligen Ehestand getreten ..., ich meine nicht jene, die durch eine Scheidung aus ihm ausgetreten sind, denn die haben immerhin den Mut gehabt, offene Aufrührer zu sein; nein, ich meine diejenigen, die nur in Gedanken Aufrührer sind, ... diese erbärmlichen Ehemänner, die dasitzen und darüber seufzen, daß die Liebe schon

34

längst aus ihrer Ehe verdunstet sei, diese Ehemänner, die ... gleich Wahnsinnigen in ihrem ehelichen Verschlag hocken, an den Eisenstäben zerren und von der Süße der Verlobung und der Bitterkeit der Ehe phantasieren, diese Ehemänner ..., die mit einer gewissen hämischen Freude jeden beglückwünschen, der sich verlobt.

Entweder – Oder S. 558

Nicht die Verführer sind es, die der Ehe schaden, sondern die feigen Ehemänner.

Entweder – Oder S. 852

Das Reinste und das Vollkommenste

Im Angesicht der Weiblichkeit

Das Weib ist und bleibt ... doch ein unerschöpflicher Stoff für Überlegungen, ein ewiger Überfluß für Beobachtungen ... Jede hat das Ihre: das heitere Lächeln; den schelmischen Blick; das begehrende Auge; den hängenden Kopf; den ausgelassenen Sinn; die stille Wehmut; das tiefe Ahnen; die unheilverkündende Schwermut; das irdische Heimweh; die ungebeichteten Regungen; die winkenden Brauen; die fragenden Lippen; die geheimnisvolle Stirn; die bestrickenden Locken; die bergenden Wimpern; den himmlischen Stolz; die irdische Schamhaftigkeit; die engelhafte Reinheit; das heimliche Erröten; den leichten Gang; das anmutige Schweben; die schmachtende Haltung; das sehnsüchtige Träumen; die unerklärten Seufzer; den schlanken Wuchs; die weichen Formen; den üppigen Busen; die schwellenden Hüften; den kleinen Fuß; die niedliche Hand. – Jede hat das Ihre und die eine nicht das, was die andere hat.

Entweder – Oder S. 501 f.

Will man das Reinste und das Vollkommenste bezeichnen, so sagt man: eine Frau; will man das Schwächste, das

Gebrechlichste bezeichnen, so sagt man: eine Frau; will man eine Vorstellung von dem über die Sinnlichkeit erhabenen Geistigen geben, so sagt man: eine Frau; will man eine Vorstellung von dem Sinnlichen geben, so sagt man: eine Frau ... In gewissem Sinne ist daher die Frau vollkommener als der Mann, ...

Entweder – Oder S. 629f.

Ja, ... es ist unglaublich, welch ein natürlicher Virtuose eine Frau ist, sie erklärt auf die interessanteste und schönste Art das Problem, das schon manchen Philosophen den Verstand gekostet hat: die Zeit ... Überhaupt hat das Weib ein angeborenes Talent und eine ursprüngliche Gabe, eine absolute Virtuosität, die Endlichkeit zu erklären. Als der Mann geschaffen war, da stand er da als der Herr und Fürst der ganzen Natur; die Pracht und der Glanz der Natur, der ganze Reichtum der Endlichkeit harrten nur seines Winkes, er aber begriff nicht, was er mit dem Ganzen anfangen sollte ... So stand er da, eine imposante Gestalt, in sich versonnen und dennoch komisch, denn man muß doch lächeln über diesen reichen Mann, der seinen Reichtum nicht zu gebrauchen wußte; aber auch tragisch, denn er konnte ihn nicht gebrauchen. Da wurde das Weib geschaffen. Sie war nicht in Verlegenheit, sie wußte sofort, wie diese Sache anzupacken sei, ohne Umstände, ohne Vorbereitung war sie gleich bereit zu beginnen ... Ein Weib begreift die Endlichkeit, sie versteht sie von Grund auf, ... darum ist sie in Harmonie mit dem Dasein, wie kein Mann es sein kann oder soll. Man kann daher sagen, ihr Leben sei glücklicher als das des Mannes, denn die

Endlichkeit kann einen Menschen wohl glücklich machen, die Unendlichkeit als solche nie. Das Weib ist vollkommener als der Mann, denn derjenige, der etwas erklärt, ist doch wohl vollkommener als derjenige, der einer Erklärung nachjagt. Das Weib erklärt die Endlichkeit, der Mann jagt der Unendlichkeit nach.

Entweder – Oder S. 884ff.

Daher ist das Weib alles für den Mann, weil es ihm die Endlichkeit schenkt, ohne sie ist er ein unsteter Geist, ein Unglücklicher, der keine Ruhe findet, keine Bleibe hat.

Entweder – Oder S. 890

Von hundert Männern, die sich in der Welt verirren, werden neunundneunzig durch Frauen gerettet, einer wird gerettet durch unmittelbare göttliche Gnade.

Entweder – Oder S. 763f.

Einer Frau gehört es wesentlich zu, für andere zu beten. Denke sie Dir in welcher Lebensstellung, in welchem Alter Du willst, denke sie Dir betend, und Du wirst in der Regel finden, daß sie für andere betet, für ihre Eltern, für den Geliebten, für ihren Mann, für ihre Kinder, immer für andere. Dem Manne gehört es wesentlich zu, für sich selbst zu beten.

Entweder – Oder S. 892

Eine Frau ist zuerst durch sich selbst betrogen, bevor sie einen anderen betrügt, …

Die Wiederholung S. 429

Würde sich ... ein liebendes Mädchen nach dem Hoch-
zeitstag sehnen, weil dieser ihr eine sichere Gewißheit gä-
be, würde sie es sich als Ehefrau in juristischer Sicherheit
bequem machen, würde sie, anstatt sich mädchenhaft zu
sehnen, ehelich gähnen, so würde sich der Mann mit
Recht über ihre Untreue beklagen, obgleich sie doch keinen anderen liebte, sondern weil sie die Idee verloren
hätte und ihn eigentlich nicht liebte. Und das ist doch die
wesentliche Untreue im erotischen Verhältnis, ...

Unwissenschaftliche Nachschrift S. 201

Es gibt verschiedene Arten weiblicher Röte. Da ist das
grobe Ziegelrot. Es ist jenes, von dem die Romanschreiber
immer genug haben, wenn sie ihre Heldinnen »über und
über« erröten lassen. Da ist die zarte Röte; es ist des Geistes
Morgenrot. Bei einem jungen Mädchen ist sie unbezahl-
bar. Die flüchtige Röte, die eine glückliche Idee begleitet,
ist ... lieblich bei der Frau. Es ist das Zucken des Blitzes,
das Wetterleuchten des Geistes. Sie ist ... lieblich beim
Mädchen, weil sie sich in ihrer Jungfräulichkeit zeigt, und
darum hat sie auch die Schamhaftigkeit der Überraschung.
Je älter man wird, um so mehr verschwindet diese Röte.

Entweder – Oder S. 424

Das Weib sei schwach, sagt man, sie könne Kummer und
Sorgen nicht tragen, mit den Schwachen und Gebrech-
lichen müsse man in Liebe umgehen. Unwahrheit! Unwahrheit! Das Weib ist ebenso stark wie der Mann, vielleicht stärker.

Entweder – Oder S. 654f.

Heirate oder heirate nicht, du wirst beides bereuen

Aphorismen

Von einem Grundsatz auszugehen, behaupten erfahrene Leute, soll sehr verständig sein; ich tue ihnen den Willen und gehe von dem Grundsatz aus, daß alle Menschen langweilig sind.

Entweder – Oder S. 331

Die Götter langweilten sich, darum schufen sie die Menschen. Adam langweilte sich, weil er allein war, darum wurde Eva erschaffen. Von dem Augenblick an kam die Langeweile in die Welt und wuchs an Größe in genauem Verhältnis zu dem Wachstum der Volksmenge.

Entweder – Oder S. 332

Den Durchschnitt bilden Laue, weder Kalte noch Warme, ...

Einübung im Christentum S. 263

Mag also wer da will Wortführer der Mittelmäßigkeit sein, gegen ihn grunzen oder lärmen: es ist erlaubt, sich gegen einen Räuber auf der Landstraße zu wehren, so gibt es auch eine zulässige, eine Gott wohlgefällige Notwehr gegen die Nachstellungen der Mittelmäßigkeit – das Schweigen.

Unwissenschaftliche Nachschrift S. 751

Die Menschen sind doch ungereimt. Die Freiheiten, die sie haben, gebrauchen sie nicht, sondern fordern immer die, die sie nicht haben; sie haben Denkfreiheit, sie fordern Rede- und Schreibfreiheit.

Entweder – Oder S. 28

Wie oft sind sich die Menschen nur augenblicksweise bewußt, bewußt in größeren Entscheidungen, aber das Alltägliche wird gar nicht veranschlagt; sie sind Geist so einmal in der Woche für eine Stunde – es versteht sich, daß das freilich eine ziemlich bestialische Weise ist, Geist zu sein.

Die Krankheit zum Tode S. 143f.

Die Gedanken der Menschen sind dünn und zerbrechlich wie Klöppelspitzen ... Ihres Herzens Gedanken sind zu erbärmlich, um sündhaft zu sein.

Entweder – Oder S. 37

Es gibt aber gewisse Dinge, die manchen Leuten etwas schwer in den Kopf gehen, und dazu gehört die leidenschaftliche Bestimmung des Unverständlichen.

Unwissenschaftliche Nachschrift S. 768

Die Sache ist ganz einfach. Das Komische findet sich in jedem Lebensstadium ... , denn überall wo Leben ist, da ist Widerspruch, und wo Widerspruch ist, da findet sich das Komische. Das Tragische und das Komische sind dasselbe, insofern als beide den Widerspruch bezeichnen, aber *das Tragische ist der leidende Widerspruch, das Komische der schmerzlose Widerspruch.*

Unwissenschaftliche Nachschrift S. 709

Aber gerade weil im Humor immer ein verborgener Schmerz liegt, enthält er auch eine Sympathie. In der Ironie ist keine Sympathie, sie ist Selbstbehauptung ... Darum findet man beim Weibe oft Humor, aber niemals Ironie. Versucht sie es mit Ironie, dann steht es ihr schlecht, und eine rein weibliche Natur wird Ironie als eine Art Grausamkeit ansehen.

Unwissenschaftliche Nachschrift S. 755f.

Denken ist höher als Gefühl und Phantasie, das wird von einem Denker doziert, der selbst weder Pathos noch Leidenschaft hat; es wird doziert, daß Denken höher sei als Ironie und Humor, und das wird von einem Denker doziert, dem der Sinn für das Komische völlig fehlt. Wie komisch!

Unwissenschaftliche Nachschrift S. 463

Ironie ist und bleibt der Zuchtmeister des unmittelbaren Lebens.

Entweder − Oder S. 146

Vom Komischen gibt es gewiß überall und zu jeder Zeit genug, wenn man bloß ein Auge dafür hat ... Laß nur das Komische mit dabei sein; so wenig es unsittlich ist, zu weinen, so wenig unsittlich ist es, zu lachen.

Unwissenschaftliche Nachschrift S. 715 f.

Die menschliche Feigheit fürchtet sich insbesondere vor den Erklärungen der Wahnsinnigen und Sterbenden. Was heißt das: wahnsinnig?

Die Wiederholung S. 412

Wer sich vor nichts fürchtet, weder im Himmel noch auf Erden, der fürchtet sich vor Spinnen.

Entweder – Oder S. 756

Die Schlüsse der Leidenschaften sind die einzig verläßlichen, d. h. die einzig überzeugenden.

Furcht und Zittern S. 296

Nicht jeder, der einen krummen Rücken hat, ist deshalb ein Atlas, oder hat ihn bekommen, weil er eine Welt getragen hat, nicht jeder, der Herr, Herr! sagt, kommt deshalb ins Himmelreich, nicht jeder, der sich erbietet, für die gesamte Mitwelt Bürgschaft zu leisten, hat damit bewiesen, daß er ein solider Mann ist, der für sich selber einstehen kann, nicht jeder, der »Bravo, schwere Not, Gottsblitz, bravissimo« ruft, hat deshalb sich selbst und seine Bewunderung verstanden.

Der Begriff der Angst S. 445 f.

Aber es ist immer gut, alles getan zu haben, was menschliche Klugheit vorschreiben kann.

Die Wiederholung S. 426

Es ist überhaupt eine große Torheit, ... zu meinen, daß man so leicht zu Glauben und Weisheit gelangen könnte wie zu dem, was man wirklich so ohne weiteres mit den Jahren bekommt, Zähne, einen Bart und so weiter.

Die Krankheit zum Tode S. 88

Die wahre Komik ist, daß das Unendliche in einem Menschen vorgehen und niemand, niemand es an ihm entdecken kann.

Unwissenschaftliche Nachschrift S. 220

Es liegt etwas Wehmütiges in dem Gefühl, daß man älter wird, eine weit tiefere Wehmut aber ist es, die einen ergreift, wenn man es nicht werden kann.

Entweder – Oder S. 624

Ich kann um mich selbst herumsegeln; aber ich kann nicht über mich hinauskommen, diesen archimedischen Punkt kann ich nicht ausfindig machen.

Die Wiederholung S. 396

Vorsichtigkeit im Umgang mit dem starken Arzneimittel lehrt, daß man erst die Möglichkeit schaffen muß, das starke Mittel so anwenden zu können, daß es keinen Schaden anrichtet, und daß man es dann erst gebraucht.

Das Buch Adler S. 375

Wer nicht mit Wirklichkeiten kämpfen will, der muß sich schließlich mit Phantomen herumschlagen.

Entweder – Oder S. 902

Bei Hexen und Beschwörungsformeln liegt die Wirkung in der Rätselhaftigkeit des Abrupten und des Sinnlosen, und wird unterstützt durch das Mimische und das Pantomimische, daß die Hexe auf einem Besenstiel angeritten kommt, darauf dreimal rundherum tanzt und so weiter.

Das Buch Adler S. 465

Aber das ist doch wohl auch furchtbar, aus barer Geschäftigkeit Wind zu gebären.

Das Buch Adler S. 370

Es gibt Menschen, die eine außerordentliche Gabe besitzen, alles in ein Geschäft zu verwandeln, deren ganzes Leben ein Geschäft ist, die sich verlieben und heiraten, einen Witz anhören und ein Kunststück bewundern mit dem gleichen Geschäftseifer, mit dem sie im Kontor arbeiten.

Entweder – Oder S. 336

Wenn einer seines Geldes überdrüssig würde und es zum Fenster hinauswürfe, so würde niemand sagen, er sei ein gemeiner Mensch; denn entweder hat das Geld Realität, und dann ist er ja hinreichend dadurch gestraft, daß er sich seiner beraubt, oder es hat keine Realität, und dann ist er ja weise.

Entweder – Oder S. 345

Ach, was tut der Deutsche nicht für Geld – und was tut der Däne nicht nachher, wenn der Deutsche es getan hat!

Unwissenschaftliche Nachschrift S. 277

Wollte man sich ein Haus ausdenken, aus Keller, Erdgeschoß und erstem Stock bestehend, so gebaut oder so eingerichtet, daß dieses oder jenes auf einen Standesunterschied zwischen den Bewohnern in jeder Etage berechnet ist – und wollte man das Wesen des Menschen mit einem solchen Haus vergleichen: so trifft bei den meisten Menschen das Traurige und Lächerliche zu, daß sie in ihrem eigenen Haus vorziehen, im Keller zu wohnen.

Die Krankheit zum Tode S. 68

Man braucht sich nur mit Krethi und Plethi zu beratschlagen, so wird man bald sein, wie Leute meistens sind, und wird sich auch jederzeit das Zeugnis von ein paar verläßlichen Männern sichern können, daß man so sei.

Der Begriff der Angst S. 582

Erst derjenige, der arm geworden ist in der Welt, hat die wahre Eigentumssicherheit gewonnen, und erst derjenige, der alles verloren hat, hat alles gewonnen.

Entweder – Oder S. 652

Das Geheimnis im Leben ist, daß ein jeder es sich selbst nähen muß, und das Merkwürdige ist, daß ein Mann es gerade so gut wie eine Frau nähen kann.

Furcht und Zittern S. 224f.

Durch langsames Gehen gelangt man wohl zuweilen nicht zum Ziel, aber durch zu großes Eilen gelangt man zuweilen am Ziel vorbei.

Philosophische Brosamen S. 24

Es hat etwas Empörendes, wenn jemand einen Wanderer, der unschlüssig über den Weg ist, auf falsche Pfade führt und ihn dann in seiner Irrsal allein läßt, aber was ist das schon im Vergleich dazu, daß man einen Menschen dahin bringt, sich in sich selbst zu verlaufen.

Entweder – Oder S. 357

Es schlägt niemals fehl, daß *ein* Narr, indem er selbst geht, mehrere andre mit sich nimmt.

Philosophische Brosamen S. 20

Einen Bereiter ein nicht zugerittenes Pferd reiten sehn, ist ein stolzer Anblick ...; einen weniger geübten Reiter ein gut zugerittenes Pferd reiten sehn, geht an ...; aber wenn ein ungeübter Reiter ein nicht zugerittenes Pferd reitet, so ist alles verloren, es hilft weder der Reiter dem Pferd, noch das Pferd dem Reiter.

Das Buch Adler S. 493

Sieh, man tut immer am besten daran, dumme Feierlichkeit in Scherz zu verwandeln, dann wird der Ernst sichtbar, ...

Zwei kurze ethisch-religiöse Abhandlungen S. 302

Alle Menschen sind also langweilig ... Langeweile ruht auf dem Nichts, das sich durch das Dasein schlingt, ihr Schwindel ist wie jener, der uns befällt, wenn wir in einen unendlichen Abgrund blicken, unendlich ... Nach Veränderung rufen alle, die sich langweilen. Hierin bin ich ganz mit ihnen einig, nur gilt es, nach Prinzip zu handeln ... Die Methode, die ich vorschlage, liegt nicht darin, daß man den Boden wechselt, sondern wie bei der wahren Wechselwirtschaft im Wechsel des Bewirtschaftungsverfahrens und der Fruchtarten. Hier liegt gleich das Prinzip der Beschränkung, welches das einzig Rettende in der Welt ist.

Entweder – Oder S. 335ff.

Wer hat dies nicht erfahren! Wenn man beim Aufräumen alter Papiere solche kurzen Sätze findet, deren ganzer Zusammenhang vorlängst vergessen ist: so ist es unterhaltend, einen Augenblick diesem Spiel der Phantasie sich zu überlassen. Wenn man das getan hat, verbrennt man die Papiere.

Das Buch Adler S. 464

Ein vollkommener Mensch zu sein, ist doch das Höchste. Nun habe ich Hühneraugen bekommen, das hilft doch immerhin schon etwas.

Entweder – Oder S. 38

Das Weibische ist immer gefährlich. Ein zärtlicher Händedruck, eine leidenschaftliche Umarmung, eine Träne im

Auge sind doch nicht ganz dasselbe wie die stille Weihe des Entschlusses; ...

Unwissenschaftliche Nachschrift S. 387

Ein halbes Jahr verliebt sein und dummdreist alles wagen wollen, das läßt sich hören: aber dann, dann muß man wirklich auch das Mädchen kriegen und den müden Leib schließlich im privilegierten Ehebett ausstrecken können.

Unwissenschaftliche Nachschrift S. 570

Heirate, du wirst es bereuen; heirate nicht, du wirst es auch bereuen; heirate oder heirate nicht, du wirst beides bereuen ... Lache über die Torheiten der Welt, du wirst es bereuen; weine über sie, du wirst es auch bereuen ... Trau einem Mädchen, du wirst es bereuen; traue ihr nicht, du wirst es auch bereuen ... Erhänge dich, du wirst es bereuen; erhänge dich nicht, du wirst es auch bereuen ... Dies, meine Herren, ist aller Lebensweisheit Inbegriff.

Entweder – Oder S. 49 f.

Besser gut gehängt, als durch eine unglückliche Heirat mit aller Welt systematisch verschwägert.

Unwissenschaftliche Nachschrift S. 133

Was ist Jugend? Ein Traum. Was ist die Liebe? Des Traumes Inhalt.

Entweder – Oder S. 54

Sich in ein Mädchen hineindichten, ist eine Kunst, sich aus ihr herausdichten, ist ein Meisterstück.

Entweder – Oder S. 429

Schon die Freundschaft ist gefährlich, die Ehe ist es noch mehr; denn das Weib ist und bleibt der Ruin des Mannes, sobald man ein dauerndes Verhältnis zu ihr eingeht. Nimm einen jungen Menschen, feurig wie ein arabisches Pferd, laß ihn heiraten, er ist verloren. Zuerst ist das Weib stolz, dann ist sie schwach, dann fällt sie in Ohnmacht, dann fällt er in Ohnmacht, dann fällt die ganze Familie in Ohnmacht.

Entweder – Oder S. 346

Erst wenn man die Hoffnung über Bord geworfen hat, erst dann fängt man an, künstlerisch zu leben; solange man noch hofft, kann man sich nicht beschränken.

Entweder – Oder S. 340

Die Orthodoxie kämpft im Interesse des Bestehenden dafür, den Schein aufrecht zu erhalten, ...

Das Buch Adler S. 391

Das Spießbürgerliche liegt immer im Gebrauch des Relativen als des Absoluten in bezug auf das Wesentliche.

Unwissenschaftliche Nachschrift S. 749

Es geht mit der Auffassung der Spießbürgerei wie mit der Ironie; jeder Mensch, bis hinab zum Geringsten, pfuscht im Ironischen, aber da wo die Ironie eigentlich anfängt, da fallen sie alle ab, und die Schar all dieser, die jeder für sich nach unten relativ ironisch sind, wendet sich erbittert gegen den eigentlichen Ironiker.

Unwissenschaftliche Nachschrift S. 749

Wenn ein Tänzer sehr hoch springen könnte, dann würden wir ihn bewundern, aber wenn er, obgleich er höher springen könnte als jemals irgendein Tänzer, so tun würde, als könne er fliegen, dann mag das Gelächter ihn herunterholen.

Unwissenschaftliche Nachschrift S. 259

Sein Auge auf einen Stern richten, ist nicht so schwer, weil die Luft wie ein leerer Raum ist und deshalb so gut wie nichts im Wege steht, was den Blick aufhält oder zerstreut.

Das Buch Adler S. 387f.

Daher ist es auch komischer, wenn ein Mann, der beim Gehen in die Sterne guckt, in ein Loch fällt, als wenn es einem passiert, der nicht so über das Irdische erhaben ist.

Unwissenschaftliche Nachschrift S. 712

In der Einbildung Idealist zu sein, ist gar nicht schwierig, aber als Idealist *existieren* zu sollen, ist eine äußerst anstrengende Lebensaufgabe, weil das Existieren gerade der Einspruch dagegen ist. Existierend auszudrücken, was man von sich selbst verstanden hat, und so sich selbst verstehen, ist ganz und gar nicht komisch, aber alles zu verstehen, nur sich selbst nicht, ist besonders komisch.

Unwissenschaftliche Nachschrift S. 521

Es geht mit der Existenz, wie es mir mit meinem Arzt ging. Ich klagte über Übelbefinden; er antwortete: Sie trinken gewiß zu viel Kaffee und gehen zu wenig. Nach drei Wochen spreche ich wieder mit ihm und sage: ich befinde mich wirklich nicht wohl, aber nun kann es nicht vom Kaffeetrinken kommen, denn ich rühre keinen Kaffee an, und auch nicht vom Mangel an Bewegung, denn ich gehe den ganzen Tag; er antwortet: ja, dann muß der Grund der sein, daß Sie keinen Kaffee trinken und zuviel gehen. So war es, das Übelbefinden war und blieb also dasselbe; aber wenn ich Kaffee trinke, kommt es daher, daß ich Kaffee trinke, und wenn ich keinen Kaffee trinke, kommt es daher, daß ich keinen Kaffee trinke. Und so ist es mit uns Menschen. Das ganze irdische Dasein ist eine Art Übelbefinden.

Unwissenschaftliche Nachschrift S. 634

Der beste Beweis, der sich für die Jämmerlichkeit des Daseins führen läßt, ist der, den man aus der Betrachtung seiner Herrlichkeit herleitet.

Entweder – Oder S. 38

Und es ist nicht so, je älter man wird, um so trügerischer erweist sich das Leben; je klüger man wird, auf so mehr Weisen man sich zu helfen lernt, desto schlimmer kommt man davon, desto mehr hat man zu leiden! Ein kleines Kind kann sich überhaupt nicht selbst helfen und kommt immer gut davon.

Die Wiederholung S. 380 f.

Die Quantität ist die Mannigfaltigkeit des Lebens und wirkt immerzu ihren bunten Teppich; sie ist wie jene eine Parze, die spann; aber dann gilt es, daß der Gedanke, wie die andere Parze, darauf achte, den Faden durchzuschneiden, was, vom Bilde abgesehen, jedesmal geschehen muß, wenn die Quantität die Qualität bilden will.

[In der griechischen Mythologie sind die Parzen die drei Göttinnen, die Leben und Schicksal der Menschen bestimmten. Die Parzen wiesen jedem Menschen bei der Geburt seinen Anteil an Glück und Unglück zu. Die Spinnerin Klotho flocht den Lebensfaden, Lachesis maß den Faden und wies jedem Menschen sein individuelles Schicksal zu und Atropos trug die Schere, mit der sie den Faden zu gegebener Zeit durchtrennte. Selbst die Götter konnten die Entscheidungen der Parzen nicht verändern.]

Philosophische Brosamen S. 116

Ein witziger Kopf hat gesagt, man könne die Menschheit in Offiziere, Dienstmädchen und Schornsteinfeger einteilen. Diese Bemerkung ist meiner Ansicht nach nicht nur witzig, sondern zugleich tiefsinnig, und es gehört ein großes spekulatives Talent dazu, eine bessere Einteilung vorzunehmen.

Die Wiederholung S. 368

53

Alle acht Tage einmal in die Kirche gehen, wenn man sich sonst in der Mannigfaltigkeit des Lebens bewegt, erzeugt mit Hilfe der verkürzten Perspektive der Ästhetik leicht eine Täuschung.

Unwissenschaftliche Nachschrift S. 592

Woher kommt es wohl, daß man unpassenderweise, sobald der Pfarrer Amen sagt, aus der Kirche läuft? Ei, natürlich und sonnenklar, aus Widerwillen gegen das alte Gesangbuch.

Unwissenschaftliche Nachschrift S. 668

Aber das versteht sich: um Dichter zu werden, muß man eine Berufung haben, um religiöser Redner zu werden nur drei Examina – dann bekommt man schon eine Berufung.

Unwissenschaftliche Nachschrift S. 616

Wenn man im täglichen Leben hört, daß Krabben ausgerufen werden, kommt einem wohl zunächst der Gedanke, es sei Hochsommer, wenn Waldmeisterkränze ausgerufen werden, es sei Frühling, wenn Muscheln ausgerufen werden, es sei Winter; aber wenn man wie im vergangenen Winter an *einem* Tage hört, daß Krabben, Waldmeisterkränze und Muscheln ausgerufen werden: so fühlt man sich zu der Annahme versucht, das Dasein sei konfus geworden und die Welt könne nicht bis Ostern bestehen.

Unwissenschaftliche Nachschrift S. 531

In Fabeln und Märchen gibt es eine Lampe, Wunderlampe genannt, wenn man sie reibt, erscheint der Geist. Scherz! Aber die Freiheit, das ist die Wunderlampe; wenn der Mensch sie mit ethischer Leidenschaft reibt: dann ist Gott für ihn da.

Unwissenschaftliche Nachschrift S. 271

In der Stille der Nacht

Ein wenig Psychologie

Man sage, was man wolle, ein tief verliebter junger Mensch ist etwas so Schönes, daß man, wenn man es gewahr wird, über der Freude des Anblicks das Beobachten vergißt. Überhaupt entwaffnen alle tiefen humanen Rührungen in einem Menschen den Beobachter. Nur wo innerhalb dieser eine Leere vorhanden ist oder wo sie kokett verheimlicht werden, will man beobachten.

Die Wiederholung S. 333

Die Kunst des Beobachters besteht darin, das Verborgene ans Licht zu bringen.

Die Wiederholung S. 333f.

Und wahrlich, die Trauer schleicht gar geheimnisvoll in der Welt umher, und nur dem, der Sympathie für sie hegt, gelingt es, sie zu ahnen. Man geht durch die Straße, ein Haus sieht aus wie das andere, und nur der erprobte Beobachter ahnt, daß es in diesem Hause um Mitternacht ganz anders aussieht, da wandert dort ein Unglücklicher umher, der nicht Ruhe fand, er steigt die Treppen hinauf, seine Schritte hallen wider in der Stille der Nacht.

Entweder — Oder S. 206

Die Konzentration der Ahnung vergißt man nie.

Die Wiederholung S. 348

Man geht auf der Straße aneinander vorüber, einer sieht aus wie der andere, und der andere wie fast alle Leute, und nur der erfahrene Beobachter ahnt, daß in diesem Kopf zuinnerst ein Einlieger wohnt, der nichts mit der Welt zu schaffen hat, sondern nur in stiller Heimarbeit sein einsames Leben dahinlebt.

Entweder — Oder S. 206

Wenn man ein Gesicht lange und aufmerksam betrachtet, so entdeckt man bisweilen in ihm gleichsam ein zweites Gesicht. Dies ist im allgemeinen ein unverkennbares Zeichen, daß die Seele einen Emigranten birgt, der sich aus dem Äußeren zurückgezogen hat, um über einem geheimen Schatz zu wachen, und der Weg, den die Beobachtung einschlagen muß, ist dadurch angedeutet, daß das eine Gesicht gleichsam in dem andern drinsteckt, woraus hervorgeht, daß man sich bemühen muß, nach innen zu dringen, falls man etwas entdecken will.

Entweder — Oder S. 206f.

Je älter man wird, je mehr Verstand man fürs Leben bekommt und Geschmack für das Angenehme und Fä-

higkeit zu goutieren [schätzen], kurz, je kompetenter man
wird, um so unzufriedener.

Die Wiederholung S. 381

Zufrieden, völlig, absolut und auf jede Weise zufrieden
wird man nie, und einigermaßen zufrieden sein, ist nicht
der Mühe wert, dann ist es besser, ganz unzufrieden zu
sein. Jeder, der diese Sache gründlich erwogen hat, wird
mir gewiß darin recht geben, daß es einem Menschen nie
vergönnt ist, nicht einmal soviel wie eine halbe Stunde
lang in seinem ganzen Leben, absolut in jeder erdenk-
lichen Weise zufrieden zu sein.

Die Wiederholung S. 381 f.

Wie der Arzt wohl sagen mag, daß vielleicht nicht ein
einziger Mensch lebe, der ganz gesund ist, so müßte man,
wenn man den Menschen recht kennt, sagen, daß nicht
ein einziger Mensch lebe, ohne wenigstens etwas verzweifelt zu sein, ohne doch zu innerst eine Unruhe zu
tragen, einen Unfrieden, eine Disharmonie, eine Angst
vor einem unbekannten Etwas oder vor einem Etwas, mit
dem er auch nicht einmal Bekanntschaft zu machen wagen darf, eine Angst vor einer Möglichkeit des Daseins
oder eine Angst vor sich selbst, ...

Die Krankheit zum Tode S. 42

Denn wenn einer eine Niederlage erleidet, so sieht man
nicht ganz, wie schwach er ist; man sieht, wie stark der
andre ist.

Zwei kurze ethisch-religiöse Abhandlungen S. 286

Unrecht haben – läßt sich ein schmerzlicheres Gefühl denken als dieses, und sehen wir nicht, daß die Menschen lieber alles leiden wollen, als eingestehn, daß sie unrecht haben?

Entweder – Oder S. 923

Ein Mensch mag Kummer und Sorgen haben, ja, sie mögen so unendlich sein, daß sie ihn vielleicht sein ganzes Leben begleiten ..., schwermütig aber wird ein Mensch nur durch eigene Schuld.

Entweder – Oder S. 738

Schwermut ... befällt im allgemeinen nur die begabtesten Naturen ... Die Menschen hingegen, deren Seele gar keine Schwermut kennt, sind diejenigen, deren Seele keine Metamorphose [Verwandlung] ahnt.

Entweder – Oder S. 742f.

Der Unglücklichste ist nun derjenige, der sein Ideal, seinen Lebensinhalt, die Fülle seines Bewußtseins, sein eigentliches Wesen irgendwie außer sich hat. Der Unglückliche ist immer sich abwesend, nie sich selbst gegenwärtig. Abwesend aber kann man offenbar entweder in der vergangenen oder in der zukünftigen Zeit sein.

Entweder – Oder S. 259

Ich habe im Leben Menschen gesehen, die andere so lange betrogen, daß zuletzt ihr wahres Wesen sich nicht mehr offenbaren konnte; ich habe Menschen gesehen, die so lange Verstecken spielten, daß zuletzt Wahnsinn durch sie ebenso widerwärtig anderen ihre heimlichen Gedanken aufdrängte, die sie bis dahin stolz verborgen hatten. Oder kannst Du Dir etwas Entsetzlicheres denken, als daß es damit endete, daß Dein Wesen sich in eine Vielfalt auflöste, daß Du wirklich zu mehreren, daß Du gleich jenen unglücklichen Dämonischen eine Legion würdest und Du solchermaßen das Innerste, Heiligste in einem Menschen verloren hättest, die bindende Macht der Persönlichkeit?

Entweder – Oder S. 707f.

Es liegt etwas Unerklärliches in der Schwermut. Wer Trauer oder Kummer hat, der weiß, warum er traurig oder bekümmert ist. Fragt man einen Schwermütigen, was der Grund seiner Schwermut sei, was denn so schwer auf ihm laste, so wird er antworten: das weiß ich nicht, ich kann es nicht erklären ... Diese Antwort ist völlig richtig; denn sobald er es weiß, ist die Schwermut behoben, wohingegen bei dem Traurigen die Trauer durchaus nicht damit behoben ist, daß er weiß, warum er traurig ist.

Entweder – Oder S. 742

Zur Freude gehört es, daß sie sich offenbaren will, die Trauer will sich verbergen, ja zuweilen sogar betrügen. Die Freude ist mitteilsam, gesellig, offenherzig, will sich äußern; die Trauer ist verschlossen, stumm, einsam und zieht sich in sich selbst zurück.

Entweder – Oder S. 200

Doch zuweilen verbirgt die Trauer sich noch besser, und das Äußere läßt uns nichts ahnen, nicht das geringste. Lange mag sie zwar unserer Aufmerksamkeit entgehen, wenn dann aber zufällig eine Miene, ein Wort, ein Seufzer, ein Klang der Stimme, ein Wink des Auges, ein Zittern der Lippe, ein falscher Händedruck treulos verrät, was auf das sorgsamste versteckt wurde, da erwacht die Leidenschaft, da beginnt der Kampf. Da gilt es, daß man Wachsamkeit und Ausdauer und Klugheit habe, denn wer wäre wohl so erfinderisch wie heimliche Trauer, aber ein Gefangener in lebenslänglicher Einzelhaft hat auch Zeit genug, sich so mancherlei auszudenken; und wer vermöchte sich wohl so geschwind zu verstecken wie heimliche Trauer, denn kein junges Mädchen kann in größerer Angst und Eile einen Busen bedecken, den es entblößt hatte, als die verborgene Trauer, wenn sie überrascht wird.

Entweder – Oder S. 207 f.

Der Trauernde ist in bezug auf seine Trauer immer ein wenig ehrliebend. Er mag sich nicht jedermann anvertrauen, er verlangt Schweigen ... Er will, daß derjenige, den er darin einweiht, ihre ganze Last und Bedeutung fühle.

Die Wiederholung S. 398

Trauer enthält stets etwas Substantielleres in sich als Schmerz. Schmerz deutet stets auf eine Reflexion über das Leiden hin, die der Trauer unbekannt ist.

Entweder – Oder S. 175

Der bitterste Schmerz ist ... offenbar die Reue ... Sie ist der bitterste Schmerz, weil sie die totale Durchsichtigkeit der ganzen Schuld hat, ...

Entweder – Oder S. 176f.

Zweifel ist die Verzweiflung des Gedankens, Verzweiflung ist der Zweifel der Persönlichkeit ... Zweifel ist die innere Bewegung des Gedankens selber, und in meinem Zweifel verhalte ich mich so unpersönlich wie möglich ... Verzweiflung ist ein weit tieferer und vollständigerer Ausdruck, ihre Bewegung weit umfassender als die des Zweifels. Verzweiflung ist eben ein Ausdruck für die ganze Persönlichkeit, Zweifel nur für den Gedanken ... Zweifel liegt daher in der Differenz, Verzweiflung im Absoluten.

Entweder – Oder S. 769f.

Die Kraft der Verzweiflung ... ist intensiver als gewöhnliche menschliche Kraft, aber sie hält auch nur kürzer vor.

Entweder – Oder S. 753

Die flüchtigeren Naturen haben keine Schwierigkeit, sich in sich selbst zurechtzufinden, ihr Selbst ist gleich von Anfang an eine kurante [gangbare] Münze, und nun tritt also jener Umsatz ein, den man Freundschaft nennt. Die tieferen Naturen haben es nicht so leicht, sich selbst zu finden, und solange sie ihr Selbst nicht gefunden haben, können sie auch nicht wünschen, daß ihnen jemand eine Freundschaft anbiete, für die sie keinen Ersatz leisten können. Solche Naturen sind teils in sich selbst vertieft, teils Beobachter, ein Beobachter aber ist kein Freund.

Entweder – Oder S. 895

Die absolute Bedingung aller Freundschaft ist die Einheit der Lebensanschauung. Hat man die, so wird man nicht versucht sein, seine Freundschaft auf dunkle Gefühle oder auf unerklärliche Sympathien zu gründen. Infolgedessen wird man dann auch nicht jene lächerlichen Umschwünge erleben, daß man an einem Tage einen Freund hat, am andern nicht.

Entweder – Oder S. 898

Die Einheit der Lebensanschauung ist das Konstituierende in der Freundschaft. Ist sie vorhanden, so besteht die Freundschaft, wenn der Freund auch stirbt, denn der verklärte Freund lebt in dem andern fort; hört sie auf, so ist die Freundschaft aus, wenn der Freund auch leben bleibt.

Entweder – Oder S. 901

Hast du einen Verdacht auf einen Menschen, der dir teuer ist, daß er möglicherweise mit dem einen oder andern furchtbaren Gedanken umgehe: so sieh bloß zu, ihn zum Sprechen zu bringen, am besten so, daß du es ihm ablockst, als wäre es bedeutungslos, so daß nicht einmal im Augenblick der Mitteilung das Pathos der Vertraulichkeit entsteht.

Zwei kurze ethisch-religiöse Abhandlungen S. 273

Mag ein Mensch, in Gottes Namen, stolz sein, es wäre besser, wenn er es nicht wäre, aber mag er es sein; nur sei er nicht stolz auf Geld, denn nichts entwürdigt einen Menschen so sehr.

Entweder – Oder S. 849

Der Stolz ist eine profunde Feigheit; denn er ist feige genug, nicht verstehen zu wollen, was in Wahrheit das Stolze ist; sobald ihm dieses Verständnis aufgenötigt wird, ist er feige, verpufft wie ein Knall, zerplatzt wie eine Blase ... Es ist im Leben auch schon der Fall vorgekommen, daß eine sehr stolze Individualität feige genug war, niemals etwas zu wagen, feige genug so wenig wie möglich zu sein, eben um ihren Stolz zu retten.

Der Begriff der Angst S. 619

Der Stolz ist der wahnsinnigste, der zwischen Selbstvergötterung und Selbstverachtung oszilliert [schwankt].

Zwei kurze ethisch-religiöse Abhandlungen S. 277

Strenge allein kann einem Menschen helfen.

Einübung im Christentum S. 238

Jeder Mensch hat in höherem oder geringerem Grade die Gabe, welche man Einbildungskraft zu nennen pflegt, jene Kraft, die die erste Bedingung für das ist, was aus einem Menschen werden soll, während der Wille die andere und schließlich entscheidende Kraft ist.

Einübung im Christentum S. 198

Das Bewußtsein, das ein Mensch in sich hat, daß er kann und will, sättigt ihn in ganz anderer Weise als alles Schwätzen. Darum wird nur über Dinge geschwätzt, von denen dieses Selbstbewußtsein fehlt.

Zwei kurze ethisch-religiöse Abhandlungen S. 272

Über das Gefühl, das man in Wahrheit hat, redet man niemals; nur über das Gefühl, das man nicht hat, oder über den Grad des Gefühls, den man nicht hat, schwätzt man.

Zwei kurze ethisch-religiöse Abhandlungen S. 272

Welches Gefühl, welche Erkenntnis, welchen Willen ein Mensch hat, beruht doch schließlich und letztlich darauf, welche Phantasie er hat, ...

Die Krankheit zum Tode S. 52

Der Hypochonder ängstigt sich vor jeder Geringfügigkeit, wenn aber das Bedeutende kommt, so atmet er auf, und warum – weil die bedeutende Wirklichkeit doch nicht so schrecklich ist, wie die Möglichkeit, die er selbst gebildet hatte, und die zu bilden er seine Kraft einsetzte, während er jetzt alle seine Kraft gegen die Wirklichkeit einsetzen kann.

Der Begriff der Angst S. 639

Es gibt Menschen, die so schwach sind, daß sie tüchtigen Lärm und eine zerstreuende Umgebung brauchen, um arbeiten zu können. Woher kommt das, wenn nicht daher, daß sie keine Gewalt über sich selbst haben, nur in umgekehrtem Sinne. Wenn sie allein sind, entschwinden ihre Gedanken ins Unbestimmte; wenn dagegen Lärm und Getöse um sie ist, zwingt dieses sie, einen Willen entgegenzusetzen.

Entweder – Oder S. 690

Jeder, der weiß, was Entschlossensein in Wahrheit ist, weiß ganz gut, daß man aushalten und einen Entschluß festhalten kann.

Das Buch Adler S. 370

Ist es dir mit einem Entschluß aufrichter Ernst – vor allem rede nie ein Wort darüber mit irgendeinem Menschen. ... Entschlossen sein ist nicht das eine, verschwiegen sein das andere; entschlossen sein heißt just verschwiegen sein –

Zwei kurze ethisch-religiöse Abhandlungen S. 273

Wer zu schweigen versteht, entdeckt ein Alphabet, das ebenso viele Buchstaben hat wie das gemeinhin gebräuchliche, ...

Die Wiederholung S. 346f.

Man kann nämlich auf zweierlei Weise schweigen, man kann bumsstille schweigen, aber so ist das Schweigen verdächtig, oder man kann von allem möglichen andern reden, so gibt es ja keinen, der darauf fallen kann, daß man schweige.

Das Buch Adler S. 374

Wer etwas bewegen will, muß selber fest stehn, ...

Das Buch Adler S. 359

Daß ein Mensch in die Gewalt seiner Feinde gerät und dann nichts tut, ist menschlich.

Einübung im Christentum S. 129

Es gibt wohl keinen Menschen, der nicht eine Periode gehabt hätte, da ihm kein Reichtum der Sprache, keine Leidenschaft der Interjektion [Ausruf] genug war, da kein Ausdruck, keine Gestikulation ihn befriedigte, da nichts Genugtuung gab, außer dem einen: in die absonderlichsten Sprünge und Purzelbäume auszubrechen.

Die Wiederholung S. 363

Die Zeit ist ohne Leidenschaft
Gesellschaftskritik

Es ist nun einmal die Bedeutung der Zeit und das Los der Menschheit und der Individuen, in ihr zu leben.

Entweder – Oder S. 672

Lerne zuerst deine Zeit genau kennen, im besonderen ihre Irrtümer, ihre Lust, ihr Trachten, was sie eigentlich möchte, wenn sie für sich selbst sorgen müßte. Bist du in dieser Hinsicht wohl unterrichtet, so sprich es aus, was dunkel in der Zeit lauert, begeistert, bereit, hinreißend, glühend.

Zwei kurze ethisch-religiöse Abhandlungen S. 294

Die meisten klagen darüber, daß die Welt so prosaisch sei, daß es im Leben nicht zugehe wie im Roman, wo die Gelegenheit immer so günstig ist; ich klage darüber, daß es im Leben nicht ist wie im Roman, wo man hartherzige Väter und Kobolde und Trolle zu bekämpfen, verwunschene Prinzessinnen zu befreien hat.

Entweder – Oder S. 32

Unsere Zeit kennt aber eigentlich keine andere Mitteilung als dies dürftige: Dozieren. Man hat vollständig vergessen, was Existieren heißt.

Einübung im Christentum S. 156

Woran die Welt vielleicht immer Mangel gehabt hat, ist, was man die eigentlichen Individualitäten nennen könnte, die entschiedenen Subjektivitäten, die künstlerisch durchreflektierten, die selbstdenkenden, die von den brüllenden und dozierenden verschieden sind.

Unwissenschaftliche Nachschrift S. 192

Da unsere Zeit, wie der Friseur sagt – und wer keine Gelegenheit hat, der Zeit mit Hilfe der Zeitungen zu folgen, kann sich gut mit dem Friseur begnügen, der ja auch in früheren Zeiten, wo man die Zeitungen noch nicht hatte, war, was die Zeitungen nun sind –, eine bewegte Zeit sein soll: so ist es nicht unwahrscheinlich, daß das Leben vieler Menschen so dahingeht, daß sie wohl Prämissen [Vorsätze] haben zu leben, aber eine Konklusion [Folgerung] nicht gewinnen – ...

Das Buch Adler S. 319

Aber in unsrer Zeit imponiert man mit Hilfe – von Überkleidern.

Das Buch Adler S. 350

Das Sophistische [Spitzfindige] liegt unsrer Zeit vielleicht nur allzu nahe: daß man die größten Probleme in Diskus-

sion bringt, um die unbedeutendsten und gedankenlose-
sten Menschen zu begünstigen, auch mitzukommen.

Das Buch Adler S. 349

Das Publikum will am liebsten seine eigenen Kreaturen
haben, ein ethisch geschwächtes Talent, einen Stümper,
... einen Ladenkommis als Schriftsteller – denn der bedarf
in jeder Weise des Publikums, dessen Unterweisung und
Belehrung, dessen schonender Nachsicht, dessen aller-
gnädigsten Beifalles mit Kennermiene, dessen Geldes, dessen Ehrenbezeigung. Besonders sind es natürlich die Ta-
geszeitungen, die Journalliteratur, die dazu beitragen, alles
um und um zu wenden; wie es in der Geschichte Grie-
chenlands eine Periode gibt, welche die der Sophisten
heißt, so ist in der modernen Zeit durch die Tagespresse
das Sophistische eine ständige Einrichtung geworden, eine
tägliche Notwendigkeit.

Das Buch Adler S. 326

Die Presse verschuldet oft eine petitio principii [Ver-
wendung eines unbewiesenen, erst noch zu beweisenden
Satzes als Beweisgrund für einen anderen Satz] in ihrer
Taktik; sie tut, als referierte sie über einen faktischen
Zustand, und intendiert nur, ihn hervorzubringen.

Das Buch Adler S. 366

Aber in unsrer Zeit wird alles verwirrt.

Das Buch Adler S. 353

70

Unsere Zeit erinnert sehr an die Auflösung des griechischen Staates. Alles besteht zwar noch, doch glaubt niemand mehr daran.

Entweder – Oder S. 542

In einem Theater geschah es, daß die Kulissen Feuer fingen. Hanswurst erschien, um das Publikum davon zu unterrichten. Man glaubte, es sei ein Witz, und applaudierte; er wiederholte es; man jubelte noch mehr. So, denke ich, wird die Welt zugrunde gehn unter dem allgemeinen Jubel witziger Köpfe, die da glauben, es sei ein »Witz«.

Entweder – Oder S. 40 f.

Cäsar erzählt, daß es bei einem gallischen Volke Brauch war, daß jeder, der einen neuen Vorschlag machte, mit dem Strick um den Hals dastehn mußte – damit man ihn sofort loswerden konnte, wenn sein Vorschlag nichts taugte. Wenn dieser löbliche Brauch in unsrer Zeit eingeführt würde: Gott weiß, ob das Land Stricke genug hätte, denn die ganze Bevölkerung ist ja zu Projektmachern geworden; und doch, vielleicht wären fürs erste gar keine Stricke nötig, es wäre möglich, daß sich gar keiner meldete.

Das Buch Adler S. 353

Man hat nun lange genug von dem Leichtsinn der Zeit gesprochen, ich glaube, es ist höchste Zeit, ein wenig von ihrer Schwermut zu reden ... Oder ist etwa Schwermut nicht das Gebrechen der Zeit, ist sie es nicht, die selbst in deren leichtsinnigem Gelächter widerhallt, ist es nicht

Schwermut, was uns den Mut zum Befehlen geraubt hat, den Mut zum Gehorchen, die Kraft zum Handeln, die Zuversicht zum Hoffen? Und wenn jetzt die guten Philosophen alles tun, um der Wirklichkeit Intensität zu verleihen, werden wir da nicht bald so vollgestopft sein, daß wir daran ersticken? Alles ist weggeschnitten, ausgenommen das Gegenwärtige; was Wunder, daß man in stetiger Angst, es zu verlieren, es verliert.

Entweder – Oder S. 547f.

So ist unsere Zeit schwermütig genug, um zu wissen, daß es etwas gibt, was Verantwortung heißt, und daß dies etwas zu bedeuten hat. Während daher alle herrschen wollen, will niemand die Verantwortung haben.

Entweder – Oder S. 168

Aber jeder hat zu schweigen, soweit er nicht ein Verständnis mitzuteilen hat. Nur Geschrei machen wollen, ist eine Art glänzenden Müßigganges und eine Verräterei, die bloß die Generation mit Müßiggängern belästigt. Es ist leicht genug, es zu tun, leicht genug, sich selber dadurch wichtig zu werden; es ist auch leicht genug, ein Almosengenoß [Almosenempfänger] zu werden, und so ist es leicht genug, den Staat anzuschreien: »versorge mich«.

Das Buch Adler S. 326

In der äußeren Welt gehört alles dem, der es in der Hand hält ... und wer der Welt Schätze hat, der hat sie, gleich wie er sie erworben hat.

Furcht und Zittern S. 201

In diesen Zeiten hat man es einzig und allein geschäftig mit dem Siegen; man scheint in der Einbildung zu leben, daß, wenn man bloß siege, die Weise gleichgültig sei; recht, als wäre die Weise, auf die man siegte, das Gleichgültige –, während sie, wenn von den Vorgängen in der Welt des Geistes die Rede ist, das Entscheidende ist, oder, noch genauer ausgedrückt, ein und dasselbe ist wie der Sieg. Das versteht sich: im Verhältnis zu Geld, Titeln, Pferd und Wagen, Fackelzügen und Hurrarufen und andern Unanständigkeiten gilt es, daß die Weise gleichgültig ist; daß die Erwerbsweise nicht eins ist mit dem Besitz. Man kann so in den *wirklichen* Besitz von Geld kommen – auf manche lumpige Weise; man kann *wirklich* einen Fackelzug bekommen, und das auf eine lumpige Weise erreicht haben. Aber in der Welt des Geistes gibt es keine solche äußerlich handgreifliche, unanständige Wirklichkeit; das Tiefsinnige und das Elegante beim Geist ist, daß die *Erwerbsweise* und der *Besitz* eines sind.

Das Buch Adler S. 360

Laß andere darüber klagen, daß die Zeit böse sei; ich klage darüber, daß sie erbärmlich ist; denn sie ist ohne Leidenschaft.

Entweder – Oder S. 37

Stumpfer und stumpfer wird ja die Menschheit, weil sie immer verstandesmäßiger wird; geschäftiger und geschäftiger wird sie, weil sie immer weltlicher wird; das Absolute kommt mehr und mehr außer Brauch; ...

Zwei kurze ethisch-religiöse Abhandlungen S. 297

Die ganze moderne Entwicklung hat es an sich, daß man eine größere Neigung zum Trauern findet als zum Fröhlichsein. Es gilt als eine höhere Anschauung des Lebens und ist es auch, insofern als fröhlich sein wollen natürlich ist, trauern unnatürlich. Hinzu kommt, daß Fröhlichsein für den einzelnen doch eine gewisse Verpflichtung zur Dankbarkeit mit sich bringt ...; das Trauern enthebt uns dessen, und die Eitelkeit wird also besser befriedigt.

Entweder – Oder S. 796f.

Aber das Unselige an unsrer Zeit ist unter anderm, daß es bald eine Unmöglichkeit wird, einen Menschen zu finden, der Zeit und Geduld und Ernst und Leidenschaft des Denkens hat, ...

Das Buch Adler S. 382

Da hingegen viele eine ausgesprochene Vorliebe fürs Schwatzen haben, so trifft man auf der Straße, in Gesellschaften und in Büchern viel Geschwätz, das unverkennbar das Gepräge jener Originalitätswut trägt, die, auf das Leben übertragen, die Welt mit einer Menge von Kunstprodukten bereichern würde, von denen das eine lächerlicher wäre als das andere.

Entweder – Oder S. 828

Man lächelt über das Klosterleben, und doch hat kein Eremit so unwirklich gelebt, wie man heutzutage lebt, denn ein Eremit hat zwar wohl von der ganzen Welt abstrahiert, aber er hat nicht von sich selbst abstrahiert.

Unwissenschaftliche Nachschrift S. 482

Einsamkeit ... ist ... eine Lebensnotwendigkeit, bisweilen wie das Atmen, zu anderen Zeiten wie das Schlafen ... Überhaupt ist der Drang nach Einsamkeit ein Zeichen dafür, daß ja doch Geist in einem Menschen ist, und der Maßstab für das, was hier Geist ist. »Die nur geschwätzigen Un- und Mit-Menschen« verspüren in dem Grad keinen Drang zur Einsamkeit, daß sie, wie Gesellschaftsvögel, gleich sterben, wenn sie nur einen Augenblick allein sein sollen; wie das kleine Kind in Schlaf gelullt werden muß, so brauchen diese Leute das beruhigende Einlullen der Gesellschaft, um essen, trinken, schlafen, beten, sich verlieren zu können und so weiter. Aber sowohl im Altertum wie im Mittelalter war man doch aufmerksam auf diesen Drang zur Einsamkeit, hatte Respekt vor seiner Bedeutung; in der »Fortwährenden Geselligkeit« unserer Zeit schaudert man derartig vor der Einsamkeit, daß man sie ... zu nichts anderem zu gebrauchen weiß als zur Strafe für Verbrechen. Doch ist es wahr, daß es ja in unserer Zeit ein Verbrechen ist, Geist zu haben, so ist es ja in seiner Ordnung, daß solche Leute, Liebhaber der Einsamkeit, in eine Klasse mit Verbrechern kommen.

Die Krankheit zum Tode S. 95f.

Unter den vielen Lächerlichkeiten in diesen törichten Zeiten ist diese doch vielleicht das Lächerlichste, diese Äußerung, die ich oft genug gelesen habe, als Weisheit niedergeschrieben und als treffend bewundert hörte: daß man in unserer Zeit nicht einmal Märtyrer werden könnte, ...

Zwei kurze ethisch-religiöse Abhandlungen S. 292

Auf dem laufenden sein mit der Weltanschauung, welche die Zeit bewundert, ist immer ein Vergnügen.

Das Buch Adler S. 473f.

Ein Schauspiel, das vielleicht fortdauert

Weltgeschichte

Das Vergangene, die ganze Weltgeschichte erklären zu können, ist etwas Herrliches; …

Unwissenschaftliche Nachschrift S. 470

Die weltgeschichtliche Idee konzentriert alles mehr und mehr systematisch … Denn in unserer Zeit kann ja nicht die Rede davon sein, daß sich nur ein einzelner Gelehrter oder Denker mit der Weltgeschichte beschäftige, sondern die ganze Zeit schreit ja nach der Weltgeschichte.

Unwissenschaftliche Nachschrift S. 265

Wenn eine streitbare Natur mit ihrer Zeit kämpft und dann alles aushält, aber zugleich ruft: die Nachwelt, die Geschichte wird schon zeigen, daß ich die Wahrheit gesagt habe, dann glauben die Menschen, er sei begeistert. Ach nein, er ist nur ein bißchen pfiffiger als die ganz dummen Menschen; er wählt nicht Geld und das hübscheste Mädchen oder anderes dergleichen, er wählt weltgeschichtliche Bedeutung: ja, er weiß schon, was er wählt.

Unwissenschaftliche Nachschrift S. 268 f.

Wir wollen uns überlegen, *was im Weltgeschichtlichen zu sehen ist*. Wenn das Weltgeschichtliche etwas sein soll und nicht eine höchst unbestimmte Bestimmung, bei der es trotz des vielen, das man über China und Monomotapa [altafrikanisches Reich im heutigen Moçambique] erfährt, doch in letzter Instanz unentschieden bleibt, wo die Grenze zwischen dem Individuellen und dem Weltgeschichtlichen liegt, während immer wieder das Verwirrende eintritt, daß ein König mitgerechnet wird, weil er König ist, und ein Einsiedler, weil er in der Isolation eine bedeutende Individualität ist, ob es überhaupt eine Grenze gibt ..., ob die Grenze zufällig ist ... also: wenn die Weltgeschichte überhaupt etwas sein soll, so muß sie die Geschichte des Menschengeschlechts sein.

Unwissenschaftliche Nachschrift S. 289

Man betrachtet die Weltgeschichte, und siehe da, jedes Zeitalter hat seine sittliche Substanz; ...

Unwissenschaftliche Nachschrift S. 277

Nur indem ich genau auf mich selber achte, kann ich dahin geführt werden, mich in das Benehmen einer historischen Individualität zu ihren Lebzeiten hineinzuversetzen; und nur so verstehe ich sie, wenn ich sie in meinem Verständnis lebendig bewahre, und nicht wie die Kinder die Uhr in Stücke schlage, um das Leben in ihr zu verstehen, und nicht wie die Spekulation die historische Individualität in etwas ganz anderes verwandele, um sie dann zu verstehen. Aber von ihr als der Verstorbenen kann ich nicht erfahren, was Leben heißt; das muß ich durch mich selbst erfahren, und darum muß ich mich selbst verstehen, und nicht umgekehrt, nachdem ich sie erst weltgeschichtlich mißverstanden habe, nun weitergehen und mit Hilfe dieses Mißverständnisses mich selbst mißverstehen, als wäre ich auch verstorben. Die weltgeschichtliche Individualität hat sich vermutlich, als sie lebte, mit der subjektiven Ethik geholfen, und dann hat die Vorsehung die weltgeschichtliche Bedeutung – wenn sie eine solche bekam – hinzugefügt.

Unwissenschaftliche Nachschrift S. 280 f.

Mag die Weltgeschichte ein Spiegel sein, mag der Betrachter sitzen und sich selbst im Spiegel sehen; aber vergessen wir den Hund nicht, der sich auch im Spiegel sehen wollte – und verlor, was er hatte. Das Ethische ist auch ein Spiegel, und wer sich darin sieht, verliert wohl etwas, und je mehr er sich darin sieht, desto mehr verliert er – all das Ungewisse nämlich, um das Gewisse zu gewinnen. Nur im Ethischen ist Unsterblichkeit und das ewige Leben; anders verstanden ist die Weltgeschichte vielleicht ein Schauspiel, ein Schauspiel, das vielleicht fortdauert – aber der Betrachter stirbt, und die Betrachtung war ein vielleicht höchst bedeutungsvoller – Zeitvertreib.

Unwissenschaftliche Nachschrift S. 288

Was ethisch die Tat zur Tat des Individuums macht, ist die Absicht, aber diese wird im Weltgeschichtlichen gerade nicht mitgerechnet, denn hier gilt die weltgeschichtliche Absicht. Weltgeschichtlich sehe ich die Wirkung, ethisch sehe ich die Absicht, ...

Unwissenschaftliche Nachschrift S. 290

Der Betrachter eräugt weltgeschichtlich jenes Farbenspiel der Generationen gleich wie das des Heringsschwarms im Meer: die einzelnen Heringe sind nicht viel wert. Der Betrachter starrt betäubt in jenen ungeheuren Wald der Generationen hinein, und wie einer, der den Wald vor lauter Bäumen nicht sehen kann, sieht er bloß Wald, keinen einzigen Baum. Er hängt systematisch Gardinen auf und braucht dazu Völkerschaften und Nationen, einzelne Menschen sind nichts für ihn; selbst die Ewigkeit drapiert man mit systematischer Übersicht und ethischer Sinnlosigkeit.

Unwissenschaftliche Nachschrift S. 294

O, daß doch diese teuren Denker, die so viel für die Weltgeschichte tun, auch an uns kleinen Leute denken möchten, die wir nicht ganz Einfältige sind, insofern wir ein Bedürfnis nach Verständnis fühlen, aber doch so beschränkt, daß wir besonders ein Bedürfnis danach fühlen, das Einfältige zu verstehen.

Unwissenschaftliche Nachschrift S. 321

Der Einfältige versteht das Einfältige unmittelbar, aber wenn der Weise es verstehen soll, wird es unendlich schwierig. Ist es beleidigend für den Weisen, ihm ein solches Gewicht beizulegen, daß das Einfachste das Schwierigste wird, bloß weil er es ist, der damit zu tun haben soll? Keineswegs ... So verhält sich der Weise zu dem, was einfältig ist. Indem er begeistert dieses als das Höchste ehrt, ehrt es ihn wieder, denn es scheint durch ihn etwas anderes zu werden, obwohl es doch dasselbe bleibt. Je mehr nun der Weise über das Einfältige nachdenkt ..., desto schwieriger wird es für ihn; und doch fühlt er sich von einer tiefen Humanität ergriffen, die ihn mit dem ganzen Leben versöhnt ... und so nimmt dann auch das Leben des Weisen ein Ende: wo blieb denn da Zeit für das weltgeschichtliche Interesse?

Unwissenschaftliche Nachschrift S. 295f.

Eine Zeit und ein Mensch können auf verschiedene Weise unsittlich sein, aber es ist auch unsittlich oder doch eine Anfechtung, zu viel mit dem Weltgeschichtlichen umzugehen, eine Anfechtung, die leicht dazu führen kann, daß man, wenn man dann selbst handeln soll, auch weltgeschichtlich sein will. ... Der beständige Umgang mit dem Weltgeschichtlichen macht nämlich untauglich zum Handeln.

Unwissenschaftliche Nachschrift S. 266f.

Poesie ist die vollkommenste von allen Künsten

Sprache

Wenn ich mich ..., indem ich spreche, nicht verständlich machen kann, so spreche ich nicht, wenn ich gleich ununterbrochen Tag und Nacht spräche.

Furcht und Zittern S. 312

Wenn ein Mensch so spräche, daß man den Schlag der Zunge hörte usw., so spräche er schlecht; wenn er so hörte, daß er die Luftschwingungen hörte statt des Wortes, so hörte er schlecht; wenn jemand ein Buch so läse, daß er beständig jeden einzelnen Buchstaben sähe, so läse er schlecht.

Entweder – Oder S. 82

Der Begriff des Menschen ist Geist, und man soll sich nicht dadurch beirren lassen, daß er im übrigen auch auf zwei Beinen gehen kann. Der Begriff der Sprache ist der Gedanke, und man soll sich nicht dadurch beirren lassen, daß einige empfindsame Menschen meinen, die höchste Bedeutung der Sprache sei es, unartikulierte Laute hervorzubringen.

Entweder – Oder S. 79

Will man die verschiedenen Medien in einen bestimmten Entwicklungsprozeß einordnen, so ist man auch gezwungen, Sprache und Musik unmittelbar nebeneinander zu stellen, weshalb man ja auch gesagt hat, die Musik sei eine Sprache, was mehr ist als nur eine geistreiche Bemerkung. Wenn man nämlich Lust hätte, sich in Geistreichigkeit zu gefallen, so könnte man sagen, auch Skulptur und Malerei seien eine Art Sprache, insofern als jeder Ausdruck der Idee stets eine Sprache ist, da das Wesen der Idee die Sprache ist.

Entweder – Oder S. 81

Sprache ist das konkreteste aller Medien.

Entweder – Oder S. 67

Die Sprache ist, als Medium betrachtet, das absolut geistig bestimmte Medium und also das eigentliche Medium der Idee.

Entweder – Oder S. 81

Nur dort, wo die Idee in einer bestimmten Form zur Ruhe und Durchsichtigkeit gebracht worden ist, nur dort kann von einem klassischen Werk die Rede sein; dieses aber wird dann aber auch imstande sein, den Zeiten zu widerstehen. Diese Einheit, diese gegenseitige innige Hingabe aneinander, ist jedem klassischen Werk eigen, ...

Entweder – Oder S. 65

Das Lindernde der Sprache ist, daß sie mich ins Allgemeine überträgt.

Furcht und Zittern S. 313

In der Sprache liegt die Reflexion, und darum kann die Sprache das Unmittelbare nicht aussagen. Die Reflexion tötet das Unmittelbare, und darum ist es unmöglich, in der Sprache das Musikalische auszusagen, aber diese scheinbare Armut der Sprache ist gerade ihr Reichtum. Das Unmittelbare ist nämlich das Unbestimmbare, und darum kann die Sprache es nicht auffassen; ...

Entweder – Oder S. 85

Die Sprache hat ihr Element in der Zeit, alle übrigen Medien haben den Raum zum Element. Nur die Musik geht auch in der Zeit vor sich.

Entweder – Oder S. 83

Die Poesie ... ist die vollkommenste von allen Künsten und daher auch diejenige, welche die Bedeutung der Zeit am meisten zur Geltung zu bringen weiß. Sie braucht sich nicht in dem Sinne, wie die Malerei es tut, auf den Moment zu beschränken, sie verschwindet auch nicht in dem Sinne spurlos wie die Musik. Aber dessenungeachtet ist auch sie ... gezwungen, sich im Moment zu konzentrieren. Sie hat daher ihre Grenze und kann ... nicht das darstellen, dessen Wahrheit die zeitliche Sukzession [allmähliche Fortsetzung] ist.

Entweder – Oder S. 682

Ja, es gehört Geschwindigkeit dazu, eine Erzählung von dreißig Seiten zu schreiben, deren Handlung in hundert Jahren verläuft, oder ein Drama, dessen Handlung in drei Stunden verläuft, aber wo so viel geschieht, und wo die Begebenheiten sich so überstürzen, daß so etwas einem Menschen in einem ganzen Leben nicht widerfährt! Aber was gehört wohl dazu, einen Menschen darzustellen, wie er im täglichen Leben ist; falls man dann nicht in die Verlegenheit gerät, daß die Sprache nicht ausreicht, weil sie so abstrakt ist im Vergleich mit dem Existieren im Sinne der Wirklichkeit.

Unwissenschaftliche Nachschrift S. 651

Hiermit verhält es sich wie mit dem Stil-Haben; nur der hat eigentlich Stil, der niemals etwas fertig hat, sondern sooft er beginnt, »die Wasser der Sprache bewegt«, so daß der alltäglichste Ausdruck für ihn in neugeborener Ursprünglichkeit entsteht.

Unwissenschaftliche Nachschrift S. 215

Bewegt wie das Leben einer Welt

Musikalisches

Außer der Sprache ist die Musik das einzige Medium, das sich an das Ohr wendet.

Entweder – Oder S. 83

Es ist eine alte Erfahrung, daß es nicht angenehm ist, zwei Sinne auf einmal anzustrengen, und darum ist es oft störend, wenn man, während das Ohr beschäftigt ist, gleichzeitig auch das Auge viel gebrauchen muß. Man ist daher geneigt, wenn man Musik hören will, die Augen zu schließen.

Entweder – Oder S. 145

Die Musik hat ... ein zeitliches Moment in sich, verläuft jedoch nicht in der Zeit außer in uneigentlichem Sinne. Das Geschichtliche in der Zeit kann sie nicht ausdrücken.

Entweder – Oder S. 69

Die Musik drückt nämlich stets das Unmittelbare in seiner Unmittelbarkeit aus; ...

Entweder – Oder S. 85

Die Musik existiert nicht außer in dem Augenblick, da sie vorgetragen wird ... Eigentlich existiert sie sie nur, indem sie vorgetragen wird. Dies könnte als eine Unvollkommenheit dieser Kunst im Vergleich zu den anderen Künsten erscheinen, deren Hervorbringungen beständig bestehen, weil sie ihren Bestand im Sinnlichen haben. Doch dem ist nicht so. Es ist gerade ein Beweis dafür, daß sie eine höhere, eine geistigere Kunst ist.

Entweder – Oder S. 83

Ein Medium aber, das geistig bestimmt ist, ist wesentlich Sprache, und da nun die Musik geistig bestimmt ist, hat man sie mit Recht eine Sprache genannt.

Entweder – Oder S. 81

Die Musik hat die Zeit zu ihrem Element, gewinnt aber keinen Bestand in ihr, ihre Bedeutung ist das ständige Verschwinden in der Zeit, sie erklingt in der Zeit, verklingt aber zugleich und hat keinen Bestand.

Entweder – Oder S. 682

Gedanken vertreiben, das kann die Musik ... vorzüglich, böse Gedanken sogar, ...

Entweder – Oder S. 100

Die musikalische Situation liegt in der Einheit der Stimmung in der diskreten Stimmenmehrheit. Das ist eben das Eigentümliche an der Musik, daß sie die Stimmenmehrheit in der Einheit der Stimmung bewahren kann.

Entweder – Oder S. 143

87

Im Drama duldet man kein Gerede, man fordert Handlung und Situation. In der Oper gibt es ein Ruhen in der Situation.

Entweder – Oder S. 158

Im Wesen der Oper liegt ... Hasten nicht; ihr ist ein gewisses Verweilen eigen, ein gewisses Sichausbreiten in Zeit und Raum. Die Handlung hat weder die Geschwindigkeit des Falles noch seine Richtung, sondern bewegt sich mehr horizontal.

Entweder – Oder S. 143

In der Ouvertüre entfaltet die Musik ihren ganzen Umfang, mit ein paar mächtigen Flügelschlägen überschwebt sie gleichsam sich selbst, überschwebt den Ort, an dem sie sich niederlassen will.

Entweder – Oder S. 154

Die Ouvertüre gibt ... Gelegenheit, einen tiefen Einblick in den Komponisten und sein seelisches Verhältnis zu seiner Musik zu tun. Ist es ihm nicht gelungen, das Zentrale darin zu erfassen, ... so wird sich dies unverkennbar in der Ouvertüre verraten ... Während ... die Ouvertüre nicht dasselbe enthalten soll wie die Oper, soll sie natürlich auch nichts absolut anderes enthalten. Sie soll nämlich dasselbe enthalten wie das Stück, aber auf andere Weise; sie soll es zentral enthalten und mit der ganzen Macht des Zentralen den Zuhörer ergreifen.

Entweder – Oder S. 152f.

In dieser Hinsicht ist und bleibt die von jeher bewunderte Ouvertüre zu *Don Juan* [W. A. Mozart: Don Giovanni] ein vollendetes Meisterwerk ... Sie ist kräftig wie der Gedanke eines Gottes, bewegt wie das Leben einer Welt, erschütternd in ihrem Ernst, zitternd in ihrer Lust, zermalmend in ihrem schrecklichen Zorn, begeisternd in ihrer lebenslustigen Freude, sie ist dumpf in ihrem Strafgericht, kreischend in ihrer Lust, sie ist langsam feierlich in ihrer imponierenden Würde, sie ist bewegt, flatternd, tanzend in ihrer Wonne.

Entweder − Oder S. 153

Ein Cursus, um sich selber einzuholen

Vom Lernen

Was ist denn Bildung? Ich glaubte, es sei ein Cursus, den der Einzelne durchliefe, um sich selber einzuholen; und wer diesen Cursus nicht durchmachen will, dem hilft es außerordentlich wenig, in dem aufgeklärtesten Zeitalter geboren zu sein.

Furcht und Zittern S. 225

Wenn ein Mann eine kleine Begebenheit erlebt in seinem Leben: so lernt er etwas daraus, und warum? Weil die Begebenheit ihm recht auf den Leib rückt.

Das Buch Adler S. 385

Schon wenn sich ein Mensch mit irgendeinem großen Plan beschäftigt, fällt es ihm schwer, wie andere zu sein. Er ist zerstreut, er will an nichts anderem teilnehmen, alle die Unruhe um ihn her plagt ihn, die Geschäftigkeit der anderen ist ihm lästig, er wünschte für sich einen kleinen Verschlag, wo er sitzen und über seinem großen Plan grübeln könnte ... und wir wollen dann nicht vergessen, daß es wenigstens in der Schule so gewesen ist, daß man den mäßigen Schüler daran erkennen konnte, daß er zehn Minuten, nachdem die Aufgabe gestellt war, gleich mit seinem Blatt angerannt kam und sagte: ich bin fertig.

Unwissenschaftliche Nachschrift S. 583f.

Wenn ein Lehrer einen Taugenichts von Schüler favorisieren will, kann er das auf verschiedene Weise machen; aber er kann es unter anderm auch dadurch tun, daß er ihm eine so ungeheuere Aufgabe vorlegt, daß die Zensoren aus der Unbedeutendheit seiner Antwort überhaupt nichts schließen können, weil die ungeheuere Größe der Aufgabe sie des Maßstabes beraubt.

Das Buch Adler S. 348

Einen wissenschaftlichen Wirrkopf, der im Grunde nichts weiß, bekommt man selten dazu, sich auf etwas Konkretes einzulassen; er redet nicht über einen einzelnen Dialog Platos, das ist zu wenig für ihn – es würde sich vielleicht auch zeigen, daß er ihn nicht gelesen hat. Nein, er redet über den ganzen Plato, oder wohl sogar über die ganze griechische Philosophie, aber besonders dann über die Weisheit der Inder und Chinesen. Dieses: der ganze Plato, die ganze griechische Philosophie, der ganze östliche Tiefsinn ist das ungeheuer Große, das Grenzenlose, das begünstigend seine Unwissenheit verbirgt.

Das Buch Adler S. 348f.

Es ist für einen Schwätzer viel leichter, Unsern Herrn zu kritisieren, als den ... Stil eines Schülers der gelehrten

Schule zu beurteilen, ja sogar als ein Streichholz zu beurteilen; denn wenn die Aufgabe bloß konkret ist, so wird er, vermutlich, bald verraten, wie dumm er ist. Aber Unser Herr und sein Weltregiment ist etwas so ungeheuer Großes, daß in einem gewissen schwindelnd abstrakten Sinn der Törichteste ebenso gut mitreden kann, wie der Weiseste.

Das Buch Adler S. 349

Denn wenn einer in unserer Zeit sagt: ich weiß alles, dann glaubt man ihm; aber wer sagt: es gibt Vieles, was ich nicht weiß, den hat man im Verdacht, er neige zum Lügen.

Unwissenschaftliche Nachschrift S. 837

Wann soll ein Mann Lehrer sein? Wenn er der Jugend Kraft hat und des Greises Weisheit. Und wann steht er auf seinem höchsten Punkt? Wenn er einmal ein Greis ist an Jahren und Verstand, aber frisch im Herzen wie ein Jüngling.

Das Buch Adler S. 355

Leidenschaft, Pathos, Ironie, Dialektik, Humor, Begeisterung und so weiter werden von Dozenten als etwas Untergeordnetes angesehen, das jeder Mensch hat.

Unwissenschaftliche Nachschrift S. 459

Kraft im Komischen betrachte ich als eine unentbehrliche Legitimation für jeden, der in unserer Zeit in der Welt des

Geistes für bevollmächtigt gelten soll. Wenn eine Zeit so durchreflektiert ist wie die unsere und wie es von unserer gesagt wird, dann muß, wenn dies die Wahrheit ist, das Komische von jedem entdeckt sein, und zwar primitiv von jedem, der mitreden will. Aber die Dozenten sind jeder komischen Kraft so bar, daß einem die Haare zu Berge stehen ... Lächerliche Querköpfigkeit und Paragraphenwichtigkeit, die einen Dozenten einem ... Buchhalter auffallend ähnlich machen, nennen die Dozenten Ernst.

Unwissenschaftliche Nachschrift S. 436f.

Der Humorist besitzt das Kindliche, wird aber nicht davon besessen, er hindert es immerzu, sich direkt zu äußern, läßt es vielmehr nur durch eine absolute Bildung hindurchschimmern.

Unwissenschaftliche Nachschrift S. 753f.

Sokratisch gesehen ist jeder Ausgangspunkt in der Zeit eo ipso [von selbst] ein Zufälliges, ein Verschwindendes, eine Veranlassung, mehr ist auch der Lehrer nicht; und gibt er sich und seine Gelehrsamkeit auf irgendeine andere Weise hin, dann gibt er nicht, sondern nimmt, dann ist er nicht einmal der Freund des andern, noch weniger sein Lehrer.

Philosophische Brosamen S. 18f.

Der finale Gedanke allen Fragens ist, daß der Gefragte doch selbst die Wahrheit haben und durch sich selbst bekommen muß.

Philosophische Brosamen S. 21

Der Schüler ist für den Lehrer die Veranlassung, sich selbst zu verstehen, der Lehrer für den Schüler Veranlassung, sich selbst zu verstehen; der Lehrer hinterläßt beim Tode keine Forderung auf die Seele des Schülers, ebensowenig wie der Schüler Forderung darauf erheben kann, daß der Lehrer ihm etwas schulde.

Philosophische Brosamen S. 33

Jene künstliche Wirklichkeit

Im Theater

Es gibt wohl keinen jungen Menschen mit etwas Phantasie, der sich nicht einmal vom Zauber des Theaters gefesselt gefühlt und gewünscht hätte, selber mit in jene künstliche Wirklichkeit hineingerissen zu sein, um sich wie einen Doppelgänger selber zu sehen und zu hören, sich selber in seine all-mögliche Verschiedenheit von sich selber zu zersplittern und dennoch auf eine solche Weise, daß jede Verschiedenheit wieder man selber ist.

Die Wiederholung S. 358

Laßt uns ins Theater gehen, um betrogen zu werden, es ist herrlich, wenn Schauspieler und Zuschauer in schöner Übereinstimmung daran arbeiten, mitzureißen und in der Illusion mitgerissen zu werden; ...

Unwissenschaftliche Nachschrift S. 595

Sollte ich mit *einem* Wort die Wirkung des Dramas bezeichnen, insoweit sie sich von derjenigen unterscheidet, die jede andere Dichtungsart hervorruft, so würde ich sagen: das Drama wirkt durch das Gleichzeitige. Im Drama sehe ich die unvermittelt nebeneinanderstehenden Momente in der Situation, in der Einheit der Handlung vereint.

Entweder – Oder S. 142

Das dramatische Interesse verlangt ein rasches Fortschreiten, einen bewegten Takt, das, was man die immanent wachsende Geschwindigkeit des Falles nennen könnte. Je mehr das Drama von der Reflexion durchdrungen ist, um so unaufhaltsamer hastet es vorwärts. Überwiegt dagegen einseitig das lyrische oder das epische Moment, so äußert sich dies in einer gewissen Betäubung, welche die Situation einschlummern läßt, den dramatischen Prozeß und Fortgang träge und mühsam macht.

Entweder – Oder S. 143

Je unvollkommener die dramatische Form oder der Bau des Dramas ist, um so häufiger wird der Zuschauer aus seinem Schlaf aufgestört, sofern er schläft. Wenn man auf einer schlechten Landstraße hin und her gerüttelt wird, wo bald der Wagen gegen einen Stein stößt, bald die Pferde im Gestrüpp hängenbleiben, so hat man zum Schlafen keine gute Gelegenheit. Ist die Straße hingegen eine schöne bequeme Chaussee, so mag man recht Zeit und Gelegenheit haben, sich umzusehen, aber auch ungenierter in Schlaf zu fallen. Ebenso mit dem neueren Drama, alles geschieht so leicht und schnell, daß dem Zuschauer, wenn er nicht etwas Attention [Aufmerksamkeit] mitbringt, manches verlorengeht.

Entweder – Oder S. 289

Wer pathologisch die Unterschiedlichkeit des Lachens nach Ständen und Temperamenten studieren will, sollte die Gelegenheit nicht versäumen, welche die Aufführung einer Posse bietet. Der Jubel und das gellende Gelächter der Galerie und des zweiten Rangs sind etwas ganz anderes als der Applaus eines gebildeten und kritischen Publikums ... Die Posse bewegt sich im allgemeinen in den niederen Lebenssphären, und daher erkennen die Galerie und der zweite Rang sich gleich wieder, und ihr Lärmen und ihre Bravorufe sind nicht eine ästhetische Wertung des einzelnen Künstlers, sondern ein rein lyrischer Ausbruch ihres Wohlgefühls, ...

Die Wiederholung S. 364

Eine Posse sehen, ist für den Gebildeten dasselbe wie in einer Lotterie spielen, nur hat man nicht die Unannehmlichkeit dabei, Geld zu gewinnen.

Die Wiederholung S. 365

Ein eigentliches Theaterpublikum besitzt im allgemeinen einen gewissen borniertenen Ernst, es will, oder will sich dies wenigstens einbilden, daß es im Theater veredelt und gebildet werde; es will, oder will sich dies wenigstens einbilden, daß es einen seltenen Kunstgenuß gehabt habe, es will, sobald es das Plakat gelesen hat, im voraus wissen können, wie es den Abend zu verbringen hat.

Die Wiederholung S. 365

An einem eigentlichen Kunsttheater sieht man selten genug einen Schauspieler, der wirklich gehen und stehen
kann.

Die Wiederholung S. 370

Wenn man in einem Theater einen Menschen dargestellt
haben will, dann muß man entweder ein in der Idealität absolut durchgeführtes konkretes Geschöpf verlangen,
oder das Zufällige.

Die Wiederholung S. 368

Es ist ... ganz in der Ordnung, daß in dem neueren Drama das Schlechte immer von den glänzendsten Talenten
repräsentiert wird, das Gute, das Rechtschaffene von einem Krämergesellen. Das finden die Zuschauer ganz in
der Ordnung und lernen aus dem Stück, was sie zuvor
schon wußten, daß es weit unter ihrer Würde sei, mit
einem Krämergesellen in einer Klasse zu sitzen.

Entweder – Oder S. 788f.

Für das Komische und das Tragische gibt es im tieferen
Sinne keinen Feind, nur einen Butzemann, der einen zum
Weinen, oder einen Butzemann, der einen zum Lachen
bringt.

Der Begriff der Angst S. 454

Der Dichter muß der Welt entfliehen

Ein Dichterdasein

Was ist ein Dichter? Ein unglücklicher Mensch, der tiefe Qualen in seinem Herzen birgt, dessen Lippen aber so geformt sind, daß, indem der Seufzer und der Schrei über sie ausströmen, sie klingen wie eine schöne Musik.

Entweder – Oder S. 27

Das dichterische Ideal ist immer ein unwahres Ideal, denn das wahre Ideal ist immer das wirkliche.

Entweder – Oder S. 767

Darum heißen die Dichter Priester, weil sie das Leben erklären, aber von der Menge werden sie nicht verstanden werden, sondern nur von jenen Naturen, die ein Herz haben, zu fühlen … Darum nennt man den Dichter einen Weissager, weil er über das Zukünftige weissagt.

Entweder – Oder S. 281ff.

Ein Dichter ist kein Apostel, er treibt nur Teufel durch Macht des Teufels aus.

Furcht und Zittern S. 246

Eine Dichterexistenz ist ... eine unglückliche Existenz, sie ist höher als die Endlichkeit und doch nicht die Unendlichkeit. Der Dichter sieht die Ideale, aber er muß der Welt entfliehen, um sich an ihnen zu freuen, er kann diese Götterbilder nicht in sich tragen inmitten der Wirrsal des Lebens, nicht ruhig seines Weges gehen ... Das Leben des Dichters ist daher oft Gegenstand eines armseligen Mitleids seitens jener Menschen, die ihr Schäfchen im Trokkenen zu haben meinen, weil sie in der Endlichkeit geblieben sind.

Entweder – Oder S. 767f.

Der wesentliche Schriftsteller ist beständig in seiner einzelnen Schöpfung hinter sich selbst zurück; er ist wohl ein Strebender, aber innerhalb einer Totalität, nicht nach dem Totalen; er erhebt niemals mehr Zweifel, als er erklären kann; sein A hat niemals größeren Umfang als sein B; er zieht niemals aufs Ungewisse.

Das Buch Adler S. 324f.

Es ist beunruhigend, wenn ein schwindliger, geistreicher Schriftsteller selbst nicht weiß, was er darunter verstehn soll, eine Offenbarung gehabt zu haben; und es ist mißlich, wenn die viele Geistreichheit der dicken Bücher die Aufmerksamkeit vom Entscheidenden ablenkt.

Das Buch Adler S. 337

Ein Buch zu schreiben und herauszugeben, wenn man nicht einmal einen Verleger hat, der in die Verlegenheit kommen könnte, daß es nicht verkauft wird, ist ja ein unschuldiger Zeitvertreib und ein harmloses Vergnügen, ein zulässiges privates Unternehmen in einem wohlgeordneten Staat, der Luxus toleriert, und wo es jedem gegönnt wird, seine Zeit und sein Geld nach Belieben zu gebrauchen, sei es Häuser zu bauen, Pferde zu kaufen, ins Theater zu gehen, oder überflüssige Bücher zu schreiben und sie drucken zu lassen.

Unwissenschaftliche Nachschrift S. 833

Was sich für ein Buch ausgibt, kann nicht ohne weiteres, wie Ellenware, unter die Bestimmung von Länge und Kürze gehn; es muß zuerst sich als Buch beweisen.

Das Buch Adler S. 428

Die humoristische Selbstzufriedenheit des Genies ist die Einheit bescheidener Resignation in der Welt und stolzer Erhebung über die Welt, ist die Einheit dessen, eine unnütze Überflüssigkeit und ein kostbares Schmuckstück zu sein.

Zwei kurze ethisch-religiöse Abhandlungen S. 315

Dies ist zugleich die Humanität des Genies und sein Stolz: ... Es ist bescheiden von der Nachtigall, daß sie nicht danach verlangt, daß jemand ihr zuhören soll; aber es ist auch stolz von der Nachtigall, daß sie überhaupt nichts davon wissen will, ob jemand ihr zuhört oder nicht.

Zwei kurze ethisch-religiöse Abhandlungen S. 314f.

Der lyrische Verfasser kümmert sich nur um die Produktion, genießt die Freude der Produktion, vielleicht oft durch Schmerz und Anstrengung hindurch: aber er hat nichts mit andern zu schaffen, er schreibt nicht *um zu*, um Menschen aufzuklären, um ihnen auf den rechten Weg zu verhelfen, um etwas durchzusetzen, kurz, er schreibt nicht: *um zu*.

Zwei kurze ethisch-religiöse Abhandlungen S. 315

Soll in den wahren Beziehungen zwischen Schriftsteller und Leser von Bedürfnis die Rede sein, so soll der Leser des Schriftstellers bedürfen. Ein Schriftsteller muß niemals bedürfen, er muß ethisch sich selbst in Zucht nehmen, um Geld und Ehrenbezeigungen des Publikums entbehren zu können.

Das Buch Adler S. 326

Ein Kritiker ist und muß ein dienender Geist sein; er ist und muß, im Sinne der Idealität, des Schriftstellers bester Freund sein, denn er liebt den Schriftsteller in dessen Idee.

Das Buch Adler S. 329

Ein Kritiker muß sich selbst verstehn, verstehn, seine Kräfte zu gebrauchen, aber gerade darum auch verstehn, wo diese überhaupt nicht gebraucht werden können.

Das Buch Adler S. 333

Jene ernsten, eifernden censores, die im Namen eines ernsten Publikums mit catonischer Strenge [hart strafender Unnachgiebigkeit (nach dem römischen Konsul Cato 234–149 v. Chr., der vor allem für seine strikte Wahrung alter römischer Tugenden bekannt war)] die Forderungen der Zeit in Hinsicht auf – Hosen besprechen, haben öfter mit den meinigen sich beschäftigt; bald haben sie sie zu kurz, bald zu lang gefunden, ach, und die Hosen sind dieselben alten grauen.

Das Buch Adler S. 338

Einem Schriftsteller, der wirklich sich selbst versteht, ist besser damit gedient, überhaupt nicht gelesen zu werden, oder bloß fünf Leser zu haben, die ihn wirklich lesen, als mit Hilfe der Anerkennung eines gutmütigen Rezensenten die nur allzu ausgebreitete Verwirrung ... noch weiter auszubreiten durch sein eigenes Buch – ...

Das Buch Adler S. 387

Ausgescholten werden macht dem Buch keinen *wesentlichen* Schaden, aber anerkannt werden auf diese Weise heißt vernichtet werden, soweit das dem Rezensenten möglich ist, dem gutmütigen, aber etwas dummen Rezensenten.

Das Buch Adler S. 387

Aber der Begriff Schriftsteller ist in unserer Zeit auf eine höchst unsittliche Weise verpfuscht worden. Da so viele, die gar keine wesentliche Qualifikation haben, Schriftsteller zu sein ... trotzdem Schriftsteller werden, so wird Schriftsteller sein eine Art Auszeichnung unter dem Mannsvolk, wie der Putz bei den Frauenzimmern: die Hauptsache und die Absicht, weshalb man schreibt, ist, bemerkt, anerkannt, gelobt zu werden. Ein solcher Modeschriftsteller hat den Leser über nichts zu unterrichten, er schreibt, wie wenn einer ein Examen macht, um das bürgerliche Ansehn zu genießen, ein Examen zu haben oder ein Schriftsteller zu sein; er schreibt, um zu zeigen, daß er im Schönschreiben geübt ist.

Das Buch Adler S. 387f.

Wenn es sich denken ließe, daß man Schriftsteller werden könnte, ohne zu schreiben, diese Würde kaufen könnte, wie man einen Titel sich kauft, doch wohl zu merken, daß man dabei wirklich ein bißchen Ansehn genösse: so würde vielleicht ein großer Teil der Schriftsteller unsrer Zeit das Schreiben bleibenlassen. Und wenn man, ohne zu schreiben, das Geld bekommen könnte, das man mit dem Schreiben verdient: so würde zweifellos ein andrer großer Teil der Schriftsteller unsrer Zeit aufhören zu schreiben, und man würde zu sehn bekommen, wie viele wirkliche Schriftsteller wir haben.

Das Buch Adler S. 389

Denn Schriftsteller sein ist freilich etwas, wozu man sich schreibt, aber gerade deshalb auch etwas, von dem man, sonderbar genug, just durch Schreiben sich losschreiben kann.

Das Buch Adler S. 319f.

Meine Seele ist matt und kraftlos

Kummer und Verzweiflung

Wie ist das Leben so leer und bedeutungslos! – Man begräbt einen Menschen; man gibt ihm das Geleit, man wirft drei Spaten Erde auf ihn; man fährt hinaus in der Kutsche, man fährt heim in der Kutsche; man tröstet sich damit, daß noch ein langes Leben vor einem liege.

Entweder – Oder S. 39

Ach, die Tür des Glücks, sie geht nicht nach innen auf, so daß man, indem man auf sie losstürmt, sie aufdrücken kann; sondern sie geht nach außen auf, und es bleibt einem daher nichts zu tun.

Entweder – Oder S. 32

Es gehört schon eine große Naivität dazu, zu glauben, es hülfe etwas, wenn man ruft und schreit in der Welt, so als könnte man damit sein Schicksal ändern. Man nehme es, wie es geboten wird, und enthalte sich aller Weitläuftigkeiten.

Entweder – Oder S. 43

Was wird kommen? Was wird die Zukunft bringen? Ich weiß es nicht, ich ahne nichts. Wenn eine Spinne von einem festen Punkt sich in ihre Konsequenzen hinabstürzt, so sieht sie stets einen leeren Raum vor sich, in dem sie nirgends Fuß fassen kann, wie sehr sie auch zappelt. So geht es mir; vor mir stets ein leerer Raum; was mich vorwärtstreibt, ist eine Konsequenz, die hinter mir liegt. Dieses Leben ist verkehrt und grauenhaft, nicht auszuhalten.

Entweder – Oder S. 33

Tränen und Schreie lindern, aber unaussprechliche Seufzer martern.

Furcht und Zittern S. 313

Es ist aber nicht gut, daß ein Schmerz zusammengesetzt ist, denn mit jeder neuen Komponente bekommt er noch einen Stachel mehr.

Einübung im Christentum S. 159

Meine Seele ist matt und kraftlos, vergebens drücke ich ihr die Sporen der Lust in die Seite, sie kann nicht mehr, sie bäumt sich nicht mehr auf in ihrem königlichen Sprung. Ich habe alle meine Illusion verloren. Vergebens suche ich mich der Unendlichkeit der Freude hinzugeben, sie kann mich nicht erheben oder vielmehr ich kann mich selber nicht erheben.

Entweder – Oder S. 52

Meine Seele hat die Möglichkeit verloren. Sollte ich mir etwas wünschen, so wünscht' ich mir nicht Reichtum oder Macht, sondern die Leidenschaft der Möglichkeit, das Auge, das allenthalben ewig jung, ewig brennend die Möglichkeit erblickt. Der Genuß enttäuscht, die Möglichkeit nicht.

Entweder – Oder S. 53

Gar nichts mag ich. Ich mag nicht reiten, das ist eine zu starke Bewegung; ich mag nicht gehen, das ist zu anstrengend; ich mag mich nicht hinlegen, denn entweder müßte ich liegenbleiben, und das mag ich nicht, oder ich müßte wieder aufstehen, und das mag ich auch nicht. Summa summarum: gar nichts mag ich.

Entweder – Oder S. 28

Die Zeit vergeht, das Leben ist ein Strom, sagen die Menschen ... Ich merke nichts davon, die Zeit steht still und ich mit.

Entweder – Oder S. 35

Wenn ich morgens aufstehe, gehe ich gleich wieder ins Bett.

Entweder – Oder S. 35

Wozu ich tauge? Zu nichts oder zu allem Möglichen. Das ist eine seltene Tüchtigkeit; ob sie im Leben wohl geschätzt wird?

Entweder – Oder S. 35

Wie ist die Langeweile doch entsetzlich – entsetzlich langweilig ... Ich liege hingestreckt, untätig; das einzige, was ich sehe, ist Leere, das einzige, wovon ich lebe, ist Leere, das einzige, worin ich mich bewege, ist Leere.

Entweder – Oder S. 47f.

Komm, Schlaf und Tod, du versprichst nichts, du hältst alles.

Entweder – Oder S. 39

Ich habe nur eine Vertraute, es ist die Stille der Nacht; und warum ist sie meine Vertraute? Weil sie schweigt.

Entweder – Oder S. 44

Nicht ich bin also der Herr meines Lebens, ich bin auch nur ein Faden, der mit in den Kattun des Lebens hineingesponnen werden soll. Nun wohl, kann ich gleich nicht spinnen, so kann ich den Faden doch abschneiden.

Entweder – Oder S. 41

Es ist immer schmerzlich, eine Innerlichkeit verbergen zu müssen und als ein anderer erscheinen zu müssen.

Einübung im Christentum S. 159

Und soll man über sich selbst verzweifeln, muß man sich ja auch bewußt sein, ein Selbst zu haben; das ist es doch, worüber er verzweifelt, nicht über das Irdische oder etwas Irdisches, sondern über sich selbst.

Die Krankheit zum Tode S. 92f.

Das ist nicht das Seltene, daß einer verzweifelt ist; nein, das Seltene ist, das sehr Seltene, daß einer in Wahrheit es nicht ist.

Die Krankheit zum Tode S. 43

Zuerst kommt die Verzweiflung über das Irdische oder über etwas Irdisches, dann die Verzweiflung am Ewigen, über sich selbst. Dann kommt der Trotz, der eigentlich Verzweiflung, nicht Hilfe des Ewigen ist, der verzweifelte Mißbrauch des Ewigen, das im Selbst ist, um verzweifelt es selbst sein zu können.

Die Krankheit zum Tode S. 99

Sonderbar! mit welch zweideutiger Angst vor dem Verlieren und Behalten klebt doch der Mensch an diesem Leben! ... Fehlt es mir an Mut? Wenn ein Stein herabfiele und mich erschlüge, das wäre immerhin ein Ausweg.

Entweder – Oder S. 48

Was man im täglichen Leben am besten verwahren will, das legt man an einen Ort, wohin man nicht alle Tage kommt, und so auch im geistigen Sinne. Ich habe die Trauer in mir, und ich weiß, daß sie zu meinem Wesen gehören wird, ich weiß es weit sicherer als derjenige, der aus Angst, sie zu verlieren, sie täglich hervorholt.

Entweder – Oder S. 801

Ein bestimmtes Etwas

Denken

Falls Denken in unserer Zeit nicht so etwas Wunderliches, so etwas Angelerntes geworden wäre, so würden Denker auch einen ganz anderen Eindruck auf die Menschen machen, …

Unwissenschaftliche Nachschrift S. 468

Während das denkende Subjekt und seine Existenz dem objektiven Denken gleichgültig ist, ist der subjektive Denker als Existierender wesentlich an seinem eigenen Denken interessiert, ist in ihm existierend. Darum hat sein Denken eine andere Art von Reflexion, nämlich die der Innerlichkeit, des Besitzes, wodurch es dem Subjekt angehört und keinem andern.

Unwissenschaftliche Nachschrift S. 200

Daß der existierende subjektive Denker beständig strebt, bedeutet jedoch nicht im endlichen Sinne, daß er ein Ziel habe, nach dem er strebt, so daß er nach dessen Erreichung fertig wäre; nein, er strebt unendlich, ist beständig

im Werden ... und das hat seinen Grund darin, daß er ja
existierend ist und dies denkend wiedergibt.

Unwissenschaftliche Nachschrift S. 221f.

Es kommt also darauf an, daß das Denken des existierenden Subjekts eine Form hat, worin es dies wiedergeben
kann.

Unwissenschaftliche Nachschrift S. 210

Während das objektive Denken alles im Resultat aus-
drückt und der ganzen Menschheit durch Abschreiben
und Ableiern des Resultates und des Fazits zum Mogeln
verhilft, setzt das subjektive Denken alles ins Werden und
läßt das Resultat weg, ...

Unwissenschaftliche Nachschrift S. 200

Das objektive Denken ist wie die meisten Menschen so
von Herzen gut und mitteilsam; es teilt sich ohne weiteres
mit und greift höchstens zu Beteuerungen seiner Wahrheit, zu Empfehlungen und Verheißungen, daß alle Menschen einmal diese Wahrheit annehmen werden – so sicher ist sie.

Unwissenschaftliche Nachschrift S. 203f.

Alle scheinen sich wohlzufühlen, alle werden mehr und
mehr objektiv. Die persönliche unendliche Interessiert-
heit des Subjekts in Leidenschaft ... verschwindet mehr
und mehr, weil die Entscheidung verschoben und als aus

des gelehrten Forschers Resultat direkt resultierend verschoben wird.

Unwissenschaftliche Nachschrift S. 153

Man glaubt im allgemeinen, es sei keine Kunst, subjektiv
zu sein. Nun, es versteht sich, jeder Mensch ist ja auch so
ein Stück Subjekt. Aber nun das zu werden, was man so
ohne weiteres ist: ja, wer möchte damit seine Zeit verlieren, das wäre ja die resignierteste von allen Aufgaben im
Leben. Allerdings, und schon aus dem Grund ist sie sehr
schwer, ja die schwerste von allen, gerade weil jeder
Mensch eine starke natürliche Lust und einen natürlichen
Trieb hat, zu etwas anderem und mehr zu werden. So geht
es mit allen scheinbar unbedeutenden Aufgaben: gerade
diese scheinbare Unbedeutenheit macht sie unendlich
schwer, weil die Aufgabe nicht geradezu lockt und so den
Verlangenden unterstützt, sondern weil die Aufgabe ihm
entgegenarbeitet, so daß unendliche Anstrengung dazu
gehört, die Aufgabe hier auch nur zu entdecken, das
heißt, daß dies die Aufgabe sei, eine Mühe, der man sonst
enthoben ist.

Unwissenschaftliche Nachschrift S. 261 f.

Was ist abstraktes Denken? Es ist das Denken, bei dem es
keinen Denkenden gibt. Es sieht von allem andern als dem
Gedanken ab, und nur der Gedanke ist in seinem eigenen
Medium.

Unwissenschaftliche Nachschrift S. 496 f.

Alles logische Denken vollzieht sich in der Sprache der Abstraktion ... Die Existenz so zu denken, heißt von der Schwierigkeit absehen, von der nämlich, das Ewige im Werden zu denken, wozu man wohl genötigt wird, da der Denkende selbst im Werden ist. Es ist daher leichter, abstrakt zu denken als zu existieren, ...

Unwissenschaftliche Nachschrift S. 468

Wie die Existenz Denken und Existieren dadurch zusammengesetzt hat, daß ein Existierender ein Denkender ist, so gibt es zwei Medien: das der Abstraktion und das der Wirklichkeit.

Unwissenschaftliche Nachschrift S. 475

Mit Hilfe der Anleitung des reinen Denkens existieren zu sollen, ist, wie wenn man in Dänemark nach einer kleinen Karte von ganz Europa reisen sollte, auf der Dänemark nicht größer ist als eine Stahlfeder – ja, es ist noch unmöglicher.

Unwissenschaftliche Nachschrift S. 471

Auch wenn ein Mann sich sein ganzes Leben hindurch nur mit Logik beschäftigt, so wird er darum doch nicht zur Logik, sondern existiert selbst in anderen Kategorien. Findet er nun, daß es nicht der Mühe wert ist, darüber nachzudenken, so mag er es sein lassen, es ist wohl auch nicht behaglich, zu wissen zu bekommen, daß das Dasein dessen spottet, der im Begriff ist, rein objektiv werden zu wollen.

Unwissenschaftliche Nachschrift S. 223

Was ist konkretes Denken? Es ist das Denken, bei dem es einen Denkenden gibt, und ein bestimmtes Etwas ..., das gedacht wird, bei dem die Existenz dem existierenden Denker den Gedanken, Zeit und Raum gibt.

Unwissenschaftliche Nachschrift S. 497

Während das abstrakte Denken die Aufgabe hat, das Konkrete abstrakt zu verstehen, hat der subjektive Denker umgekehrt die Aufgabe, das Abstrakte konkret zu verstehen.

Unwissenschaftliche Nachschrift S. 520

Wenn sich das Denken gegen sich selbst wendet, um über sich selbst nachzudenken, entsteht bekanntlich eine Skepsis.

Unwissenschaftliche Nachschrift S. 499f.

Eine sonderbare Komödie

Philosophie

Was die Philosophen über die Wirklichkeit sagen, ist oft ebenso irreführend, wie wenn man bei einem Trödler auf einem Schilde liest: Wäschemangel. Würde man mit seiner Wäsche kommen, um sie mangeln zu lassen, so wäre man angeführt; denn das Schild steht dort nur zum Verkauf.

Entweder – Oder S. 42

Die Sphären, mit denen die Philosophie eigentlich zu tun hat, die Sphären, die eigentlich für den Gedanken sind, sind das Logische, die Natur, die Geschichte.

Entweder – Oder S. 724

Mit dem, was man die innere Tat nennen könnte, hat die Philosophie gar nichts zu schaffen ... Die Philosophie betrachtet die äußere Tat, und diese wiederum sieht sie nicht isoliert, sondern sieht sie in den weltgeschichtlichen Prozeß aufgenommen und in ihm verwandelt.

Entweder – Oder S. 724

Die Liebe hat doch in den Dichtern ihre Priester, und zuweilen hört man eine Stimme, die sie in Ehren zu halten weiß; aber über den Glauben hört man kein Wort, wer spricht dieser Leidenschaft zu Ehren? Die Philosophie geht weiter. Die Theologie sitzt geschminkt am Fenster und buhlt um ihre Gunst, bietet ihre Schönheit der Philosophie feil.

Furcht und Zittern S. 208

Was die *Philosophen* von Christi Tod und Opfer sagen, ist des Nachdenkens darüber nicht wert. Denn in dieser Hinsicht wissen die Philosophen nicht, wovon sie reden – das weiß ich; sie tun, was sie nicht wissen, und sie wissen nicht, was sie tun.

Zwei kurze ethisch-religiöse Abhandlungen S. 274

Die Philosophie kann und soll nicht den Glauben geben, sondern sie soll sich selbst verstehen und wissen, was sie bietet, und den Menschen nichts nehmen und am allerwenigsten ein Etwas abschwindeln, als ob es ein Nichts sei.

Furcht und Zittern S. 209

Die Erfahrung hat gezeigt, daß es für die Philosophie keineswegs besonders schwierig ist, anzufangen. Weit entfernt; sie fängt ja mit nichts an und kann somit jederzeit anfangen. Was hingegen der Philosophie und den Philosophen schwerfällt, ist das Aufhören.

Entweder – Oder S. 51

Der stille Gelehrte stört das Leben nicht, er verliert sich erotisch in seiner herrlichen Beschäftigung.

Unwissenschaftliche Nachschrift S. 286

Die Philosophie wendet sich der Vergangenheit zu, der ganzen erlebten Weltgeschichte ... Dagegen scheint sie mir gar nicht auf das zu antworten, wonach ich frage; denn ich frage nach der Zukunft ... Ich erhalte jedoch keine Antwort; denn ... der Philosoph hastet so sehr in die Vergangenheit hinein, daß ... nur seine Rockschöße in der Gegenwart zurückgeblieben sind. Sieh, hier bist Du mit den Philosophen einig, und zwar seid ihr euch einig darin, daß das Leben zum Stillstand kommt ... So geht es auch dem Philosophen, er ist draußen, er macht nicht mit, er sitzt da und altert, indem er auf die Lieder der Vergangenheit hört.

Entweder – Oder S. 720 f.

Der Denker, der in all seinem Denken mitzudenken vergessen kann, daß er ein Existierender ist, er erklärt das Dasein nicht, er macht einen Versuch, mit dem Menschsein aufzuhören und ein Buch oder ein objektives Etwas zu werden, was doch nur ein Münchhausen werden kann.

Unwissenschaftliche Nachschrift S. 223

Falls die Philosophie auch daran dächte, daß es einem Menschen einfallen könnte, nach ihrer Lehre handeln zu wollen, so würde daraus eine sonderbare Komödie entstehen.

Furcht und Zittern S. 294

Es ist nämlich nicht so, wie die Philosophen erklären, daß Notwendigkeit Einheit von Möglichkeit und Wirklichkeit ist, nein, Wirklichkeit ist Einheit von Möglichkeit und Notwendigkeit.

Die Krankheit zum Tode S. 59

Warum wohl verglich Sokrates sich mit einer Bremse, doch wohl nur, weil er verstand, daß sein Leben für die Gleichzeitigen ein Stachel war. Als er tot war, vergötterten sie ihn.

Das Buch Adler S. 385

Für die sokratische Betrachtung ist jeder Mensch sich selbst das Zentrale, und die ganze Welt zentralisiert sich nur auf ihn, weil seine Selbst-Erkenntnis eine Gottes-Erkenntnis ist. So verstand Sokrates sich selbst, so mußte nach seiner Anschauung jeder Mensch sich selbst verstehen, und kraft dessen mußte er sein Verhältnis zum Einzelnen verstehen, immer gleich demütig und gleich stolz. Dazu hatte Sokrates Mut und Besonnenheit, sich selber genug zu sein, aber auch im Verhältnis zu andern nur Veranlassung zu sein sogar für den dümmsten Menschen.

Philosophische Brosamen S. 19f.

Die Ästhetik indessen ist eine höfliche und empfindsame Wissenschaft, die mehr Auswege kennt als irgendein Pfandhausverwalter.

Furcht und Zittern S. 277

Mit der Ethik läßt sich nicht gut disputieren [streiten], denn sie hat reine Kategorien.

Furcht und Zittern S. 278

Den Stempel der Ethik darf jeder Existierende mit Recht von allem fordern, was Weisheit genannt wird.

Unwissenschaftliche Nachschrift S. 470

Das Paradox [scheinbar Widersinnige] ist die Leidenschaft des Gedankens, und der Denker, der ohne das Paradox ist, der ist wie ein Liebhaber ohne Leidenschaft: ein mittelmäßiger Patron. Aber die höchste Potenz jeder Leidenschaft ist es immer, ihren eigenen Untergang zu wollen, und so ist es auch die höchste Leidenschaft des Verstandes, den Anstoß zu wollen, obgleich ihm der Anstoß auf irgendeine Weise zum Untergang werden muß. Dies ist also das höchste Paradox des Denkens, etwas entdecken wollen, was es selbst nicht denken kann.

Philosophische Brosamen S. 48f.

Bloß unerschrocken wagen und sich nicht erschrecken lassen

Tun

Darauf eben kommt es bei der Erziehung an, nicht daß das Kind dies und das lerne, sondern daß der Geist reife, daß die Energie geweckt werde ..., und wie viele Kinder werden nicht dadurch verpfuscht, daß man sie mit einem ganzen Zeremoniell von Pflichten überhäuft.

Entweder – Oder S. 836ff.

Denn wohl darf das ... Individuum den Ausdruck gebrauchen, es sei sein eigener Redakteur, aber es ist sich zugleich voll bewußt, daß es verantwortlicher Redakteur ist; verantwortlich vor sich selbst in persönlichem Sinne, ... verantwortlich gegenüber der Ordnung der Dinge, in der es lebt, verantwortlich gegenüber Gott.

Entweder – Oder S. 827

Zwischen Mensch und Mensch ist es das Höchste, Helfender zu sein, ...

Philosophische Brosamen S. 41

Das fortwährende Streben ist der Ausdruck der ethischen Lebensanschauung des existierenden Subjekts.

Unwissenschaftliche Nachschrift S. 256

Eine begeisterte ethische Individualität gebraucht den Verstand, um zu entdecken, was das Klügste ist, und läßt es dann sein; denn was wir im Allgemeinen das Klügste nennen, ist selten das Edle.

Unwissenschaftliche Nachschrift S. 774f.

Der Knoten besteht indessen darin, daß es gerade un-ethisch ist, sein Leben im Komparativen, Relativen, im Äußeren zu haben, und das Polizeigericht, das Schieds-gericht, eine Zeitung oder einige der Honoratioren des Städtchens ... als letzte Instanz im Verhältnis zu sich selbst zu haben.

Unwissenschaftliche Nachschrift S. 729

Um das Ethische zu studieren, ist jeder Mensch auf sich selbst angewiesen. Er selbst ist sich in dieser Hinsicht mehr als genug, ja, er ist der einzige Ort, wo *er* es mit Sicherheit studieren kann.

Unwissenschaftliche Nachschrift S. 274

Je mehr man das Ethische simplifizieren kann, desto bes-ser sieht man es.

Unwissenschaftliche Nachschrift S. 275

Das Ethische hat mit den einzelnen Menschen zu tun, und wohlbemerkt mit jedem einzelnen.

Unwissenschaftliche Nachschrift S. 482

Das Ethische fordert sich selbst von jedem Menschen, und wenn es urteilt, dann urteilt es wieder über jeden Einzelnen; ...

Unwissenschaftliche Nachschrift S. 482f.

Jeder soll, das scheint mir billig, in den zulässigen Dingen die Erlaubnis haben, das zu tun, was ihm beliebt. Der Eingriff wird erst konsumiert, wenn das, was der eine tut, den anderen verpflichten will, etwas zu tun.

Unwissenschaftliche Nachschrift S. 135

Das Ethische ist und bleibt die höchste Aufgabe, die jedem Menschen gestellt ist.

Unwissenschaftliche Nachschrift S. 286

Wer ethisch lebt, hat also sich selbst als seine Aufgabe.

Entweder – Oder S. 822

Gerade auf diesem Punkt, auf dem Existieren, und auf der Forderung des Ethischen an den Existierenden muß man beharren, wenn eine abstrakte Philosophie und ein reines Denken alles erklären wollen, indem sie das Entscheidende wegerklären; man soll bloß unerschrocken wagen, ein Mensch zu sein, und sich nicht erschrecken oder durch

Schüchternheit dazu verleiten lassen, so etwas wie ein Phantom zu werden.

Unwissenschaftliche Nachschrift S. 469f.

Das Ethische hat, als das Absolute, in sich selbst unendliche Gültigkeit und bedarf keiner Staffage, um sich besser auszunehmen.

Unwissenschaftliche Nachschrift S. 275

Das Ethische läßt sich nicht narren, so wenig wie Gott seiner spotten läßt; ...

Das Buch Adler S. 460

Das Ethische ist das einzige Gewisse, sich darauf zu konzentrieren das einzige Wissen, das sich nicht im letzten Augenblick womöglich in eine Hypothese verwandelt, in ihm zu sein das einzige gesicherte Wissen, wo das Wissen durch etwas anderes gesichert ist.

Unwissenschaftliche Nachschrift S. 287

Ethisch gesehen ist Wirklichkeit höher als Möglichkeit.

Unwissenschaftliche Nachschrift S. 482

Wenn ich etwas denke, was ich tun will, aber noch nicht getan habe, so ist dies Gedachte, wie genau es auch sei, wenn man es auch noch so sehr eine *gedachte Wirklichkeit* nennen kann, eine Möglichkeit. Umgekehrt, wenn ich etwas denke, was ein anderer getan hat, also eine Wirklichkeit denke, so nehme ich diese gegebene Wirklichkeit aus der Wirklichkeit heraus und versetze sie in die Möglichkeit, denn eine *gedachte Wirklichkeit* ist eine Möglichkeit ...

Unwissenschaftliche Nachschrift S. 483f.

Die eigene ethische Wirklichkeit des Individuums ist die einzige Wirklichkeit.

Unwissenschaftliche Nachschrift S. 490

Erst wenn man das Leben ethisch betrachtet, erst dann gewinnt es Schönheit, Wahrheit, Sinn, Bestand; erst wenn man selber ethisch lebt, erst dann gewinnt das eigene Leben Schönheit, Wahrheit, Sinn, Sicherheit; ...

Entweder – Oder S. 840f.

Wer ethisch lebt, der hat ... Gedächtnis für sein Leben; ...

Entweder – Oder S. 791

Die innere Tat ... gehört ihm selbst und wird ihm in alle Ewigkeit gehören; ... sie folgt ihm nach entweder zur Freude oder zur Trübsal.

Entweder – Oder S. 725

Jeder Mensch kann also etwas ausrichten, er kann sein Werk tun. Das Werk kann überaus verschieden sein, dies aber bleibt stets festzuhalten, daß jeder Mensch sein Werk hat und daß somit alle in dem Ausdruck sich vereinen, daß sie ein jeder sein Werk tun ... Selbst der, dessen Werk im

Leben es ist, sich selbst zu entwickeln, selbst der richtet, wesentlich gesehen, ebenso viel aus wie jeder andere.

Entweder – Oder S. 869f.

Damit jemand ein Held genannt werde, muß man nicht so sehr darauf reflektieren, was er tut, als wie er es tut. Der eine kann Reiche und Länder erobern, ohne ein Held zu sein; der andere kann dadurch, daß er seinen Sinn beherrscht, sich als Held erweisen. Der eine kann Mut beweisen, indem er das Ungewöhnliche tut, der andere, indem er das Gewöhnliche tut. Die Frage ist immer, wie er es tut.

Entweder – Oder S. 872

Während aber über das Ethische überall abfällig geurteilt wird, was lehrt denn das Leben? Wie es wenige Liebende gab, wie es wenige Glaubende gab, so gibt es wohl auch wenige wahre ethische Individualitäten.

Unwissenschaftliche Nachschrift S. 287

Daß die Wirklichkeit der Handlung so oft mit allerlei Vorstellungen, Vorsätzen, Anläufen zu Entschlüssen, Stimmungsvorspielen und so weiter verwechselt wird, daß überhaupt sehr selten wirklich gehandelt wird, leugne ich nicht; ...

Unwissenschaftliche Nachschrift S. 507

Handlung ist wesentlich futurisch; ...

Entweder – Oder S. 720

Während beschränkte und geschäftige Menschen sich einbilden, sie handelten und handelten und handelten, ist gerade die Virtuosität, mit der sie dem Handeln auszuweichen verstehen, ein Kennzeichen für eine gewisse Art von intellektuellen Köpfen.

Unwissenschaftliche Nachschrift S. 816

Wenn das Maximum des Individuums das ethische Verhältnis zur Wirklichkeit ist, dann ist Versuchung seine höchste Gefahr.

Unwissenschaftliche Nachschrift S. 644

Jeder Mensch versteht ganz gut, daß Handeln etwas weit Größeres ist als darüber zu reden; ist er deshalb seiner selbst sicher, daß er es tun kann, und hat er beschlossen, daß er es tun will, so redet er nicht darüber. Worüber ein Mensch in Verbindung mit seinem Handeln redet, ist just das, worin er seiner selbst nicht sicher ist.

Zwei kurze ethisch-religiöse Abhandlungen S. 272

Ein Mädchen, das Innerlichkeit genug hat, ein ganzes Leben still aber tief über eine unglückliche Liebe zu trauern, wird niemals darüber reden. Aber im ersten Augenblick des Schmerzes wirst du sie vielleicht sagen hören, daß sie sich das Leben nehmen will – sei ruhig, das tut sie nicht, just deshalb redet sie darüber, es war nur ein eitler Gedanke.

Zwei kurze ethisch-religiöse Abhandlungen S. 272

Und dann, wenn auch Richtig-Verstehen und Richtig-Sprechen nicht alles ist, da man ja auch richtig handeln muß, so verhält sich das Verstehen zum Handeln doch so wie das federnde Brett, von dem der Springende seinen Sprung macht; je deutlicher das Verstehen ist, je genauer und je leidenschaftlicher im guten Sinne, um so mehr erleichtert es zum Handeln, oder um so leichter fällt es dem, der handeln muß, sich zum Handeln zu erheben, ...

Einübung im Christentum S. 173f.

Da es nämlich hauptsächlich die Aufgabe des Redners wie jedes anderen ist, existierend auszudrücken, was er verkündet, und nicht einmal wöchentlich die Gemeinde zu elektrisieren, sie galvanisch zum Zappeln zu bringen, wird er vorsichtig sein, damit er nicht selbst die widerwärtige Erfahrung macht, daß was im hochtrabenden Vortrag so herrlich aussah, sich zu täglichem Gebrauch so ganz anders zeigt.

Unwissenschaftliche Nachschrift S. 652f.

Wenn ein Mann, der eine bestimmte Lebensstellung gewählt hat, fortwährend darüber reflektieren wollte, ob nun diese Stellung die rechte sei, so würde er von selbst ein mittelmäßiger Arbeiter.

Das Buch Adler S. 347f.

Und was ist Überlegenheit? Es ist, im selben Grad wie die Überlegenheit immer größer wird, die höher und höher gesteigerte Verantwortung.

Zwei kurze ethisch-religiöse Abhandlungen S. 284

Ich denke mir also einen Menschen, der genauso viel Reflexion hat, wie er Mut und Begeisterung hat. Ein solcher Mann muß sich von Anfang an darüber vergewissern, wohin das führen kann.

Zwei kurze ethisch-religiöse Abhandlungen S. 285

Wenn das Individuum die Reflexion nicht zum Stehen bringt, dann wird es in der Reflexion unendlich gemacht, das heißt, dann tritt keine Entscheidung ein.

Unwissenschaftliche Nachschrift S. 249

Ich preise ... keineswegs an, ein Pflichtmensch zu sein, sowenig wie ich empfehle, ein Bücherwurm zu sein, ...

Entweder – Oder S. 834

Die Pflicht ist ... keine Auflage, sondern etwas, das obliegt. Wenn die Pflicht so gesehen wird, so ist das ein Zeichen dafür, daß das Individuum in sich selbst orientiert ist. Die Pflicht wird sich in ihm also nicht in eine Vielfalt einzelner Bestimmungen zersplittern; denn dies deutet stets darauf hin, daß es nur in einem äußerlichen Verhältnis zu ihr steht. Es hat die Pflicht wie ein Kleid angezogen, sie ist ihm der Ausdruck für sein innerstes Wesen. Wenn es dergestalt sich in sich selbst orientiert hat, so hat es sich in das Ethische vertieft, und es wird sich nicht selbst außer Atem hetzen, um seine Pflichten zu erfüllen. Das wahrhaft ethische Individuum hat daher eine Ruhe und Sicherheit in sich, weil es die Pflicht nicht außer sich, sondern in sich hat.

Entweder – Oder S. 820 f.

Wenn die Persönlichkeit mit ihrer ganzen Energie die Intensität der Pflicht gefühlt hat, so ist sie ethisch gereift, und die Pflicht wird also in ihr selbst hervorbrechen. Die Hauptsache ist darum nicht, ob ein Mensch an den Fingern herzählen kann, wieviele Pflichten er hat, sondern daß er ein für allemal die Intensität der Pflicht so empfunden hat, daß das Bewußtsein davon ihm die Gewißheit der ewigen Gültigkeit seines Wesens ist.

Entweder – Oder S. 834

Die Pflicht gebietet, mehr kann sie nicht; das Mehr, das ich vermag, ist, das zu tun, was sie gebietet, und in dem Augenblick, da ich es tue, darf ich in gewissem Sinne sagen, daß ich mehr tue; ich übersetze die Pflicht aus dem Äußeren in das Innere, und damit bin ich über die Pflicht hinaus.

Entweder – Oder S. 696

Der Gedanke an Gott will sich bei jeder Gelegenheit aufdrängen

Glaube

Wie wunderbar – wunderbar, daß der gerade, der Hilfe bringen kann, daß gerade der sagt: kommet her!

Einübung im Christentum S. 52

In gewissem Sinne ist ... das Weib viel gläubiger als der Mann; denn das Weib glaubt, für Gott sei alles möglich, der Mann glaubt, es sei für Gott etwas unmöglich.

Entweder – Oder S. 893

Wer immer das Beste erhofft, wird alt, vom Leben betrogen, und wer immer auf das Ärgste vorbereitet ist, wird frühzeitig alt; aber wer glaubt, bewahrt eine ewige Jugend.

Furcht und Zittern S. 195

Die Beweisführung für das Dasein Gottes ist etwas, mit dem man sich nur gelegentlich gelehrt und metaphysisch beschäftigt, aber der Gedanke an Gott will sich bei jeder Gelegenheit aufdrängen.

Der Begriff der Angst S. 613

Aber man bereitet sich nicht durch das Lesen von Büchern oder durch weltgeschichtliche Übersichten darauf vor, auf das Christentum aufmerksam zu werden, sondern durch Vertiefung in das Existieren.

Unwissenschaftliche Nachschrift S. 765

Geistig gesprochen ist alles möglich, aber in der Welt der Endlichkeit gibt es vieles, das nicht möglich ist.

Furcht und Zittern S. 222

Das Entscheidende ist: für Gott ist alles möglich. Das ist ewig wahr und also wahr in jedem Augenblick.

Die Krankheit zum Tode S. 61

Aus Liebe will es Gott so, aber *Gott* will es, und er will das, was er will. Er will nicht von dem Menschen zu einem freundlichen – menschlichen – Gott umgeschaffen werden: er will die Menschen umschaffen, und zwar aus Liebe. Er will auch nichts von menschlicher Naseweisheit wissen, die sich darüber ausbreitet, warum und weshalb das Christentum in die Welt gekommen sei: es ist das Absolute und soll das Absolute sein.

Einübung im Christentum S. 99

Was die Kraft des Gottes ist, das ist nicht im Gotte, sondern in all den übrigen Individuen, die es auf ihn zurückführen; er selber ist gleichsam kraftlos, ohnmächtig, weil er seine Kraft der ganzen übrigen Welt mitteilt.

Entweder – Oder S. 77

Nur Gott kann soviel Gewicht auf sich selbst legen, daß die Tatsache, daß er gelebt hat, unendlich viel wichtiger ist als alle Folgen, die die Geschichte registriert.

Einübung im Christentum S. 71

Viel Sonderbares, viel Beklagenswertes, viel Empörendes ist über das Christentum gesagt worden; aber das Dümmste, was man jemals gesagt hat, ist, es sei bis zu einem gewissen Grade wahr.

Unwissenschaftliche Nachschrift S. 374

Lehre des Christentums ist die Lehre vom Gott-Menschen, von der Verwandtschaft zwischen Gott und Mensch, ...

Die Krankheit zum Tode S. 169

Wenn Gott und Mensch einander in dem Maße ähneln, sind sie in dem Grade miteinander verwandt, befinden sie sich also wesentlich in derselben Qualität, ...

Einübung im Christentum S. 67

Der Gott-Mensch ist nicht die Einheit von Gott und Mensch; eine solche Terminologie ist tiefsinnige Augenverblendung. Der Gott-Mensch ist die Einheit von Gott und einem einzelnen Menschen ...; daß aber ein einzelner Mensch Gott ist, das ist Christentum, und dieser einzelne Mensch ist der Gott-Mensch. Es gibt weder im Himmel noch auf Erden, noch im Abgrund, noch in der Verwirrung des allerphantastischsten Denkens eine Möglichkeit einer – menschlich gesprochen – wahnsinnigeren Zusammensetzung.

Einübung im Christentum S. 109 f.

Der Schluß des Glaubens ist kein Schluß, sondern ein Beschluß, und darum ist der Zweifel ausgeschlossen.

Philosophische Brosamen S. 99

Ein religiöses Individuum ... ruht in sich selbst und verschmäht alle Knabenstreiche der Wirklichkeit.

Die Wiederholung S. 439

Glaube ist ... keine Sextanerangelegenheit in der Sphäre der Intellektualität, kein Asyl für schwache Köpfe. Glaube ist vielmehr eine Sphäre für sich, ...

Unwissenschaftliche Nachschrift S. 490

Ohne Risiko kein Glaube.

Unwissenschaftliche Nachschrift S. 345

Wagen ist immer Verrücktheit, aber für eine erwartete ewige Seligkeit alles zu wagen, ist General-Verrücktheit.

Unwissenschaftliche Nachschrift S. 605

Der Glaube selbst ist ein Wunder, und alles, was vom Paradox gilt, gilt auch vom Glauben.

Philosophische Brosamen S. 79

Der Glaube ist ein Wunder, und doch ist kein Mensch davon ausgeschlossen; denn das, worin alles Menschenleben eins wird, ist in Leidenschaft, und der Glaube ist eine Leidenschaft.

Furcht und Zittern S. 253

Glaube ist gerade der Widerspruch zwischen der unendlichen Leidenschaft der Innerlichkeit und der objektiven Ungewißheit. Kann ich Gott objektiv ergreifen, dann glaube ich nicht, aber gerade weil ich es nicht kann, deshalb muß ich glauben; und will ich mich im Glauben bewahren, muß ich beständig darauf achten, daß ich die objektive Ungewißheit festhalte, daß ich in der objektiven Ungewißheit »auf den siebzigtausend Faden Wasser« bin, und doch glaube.

Unwissenschaftliche Nachschrift S. 345f.

Der Glaube ist das Gegenteil des Zweifels. Glaube und Zweifel sind nicht zwei Arten der Erkenntnis, die sich in Kontinuität miteinander bestimmen lassen; denn sie sind beide keine Erkenntnis-Akte und sie sind entgegengesetzte Leidenschaften. Glaube ist Sinn für Werden und Zweifel ist Protest gegen jeden Schluß, der über die unmittelbare Wahrnehmung und die unmittelbare Erkenntnis hinausgehen will.

Philosophische Brosamen S. 100

Der Berufene ist zugleich der sich Demütigende. Denn was in ihm, wenn er der wahre Außerordentliche ist, ewige Wahrheit ist, göttliche Gnadengabe, das ist in jedem andern, in dem direkten Verhältnis nur zu dem Außerordentlichen Tändelei, Unwahrheit, Verlorenheit.

Das Buch Adler S. 371

Aufrichtigkeit vor Gott ist das Erste und Letzte; sich selbst aufrichtig gestehen, wo man sich befindet, aufrichtig vor Gott, den Blick beständig auf die Aufgabe richten – wie langsam es auch gehen mag, und wenn man auch nur vorwärtskriecht: eines hat man doch, man ist richtig gestellt, ...

Einübung im Christentum S. 103

Beten ist auch atmen, und die Möglichkeit ist für das Selbst, was der Sauerstoff für das Atemholen ist.

Die Krankheit zum Tode S. 64

Denn menschlich gesprochen ist der Tod das letzte von allem, und menschlich gesprochen gibt es nur Hoffnung, solange Leben da ist. Aber christlich verstanden ist der Tod keineswegs das letzte von allem, sondern auch er ist nur eine kleine Begebenheit innerhalb eines allumfassenden ewigen Lebens; und christlich verstanden ist im Tode unendlich viel mehr Hoffnung als dort, wo bloß menschlich gesprochen nicht nur Leben ist, sondern dieses Leben in vollster Gesundheit und Kraft.

Die Krankheit zum Tode S. 27 f.

Unglaube und Aberglaube sind beide Angst vor dem Glauben ... Der Aberglaube ist ungläubig gegen sich selbst, der Unglaube abergläubisch gegen sich selbst. Der Inhalt beider ist Selbstreflexion. Die Bequemlichkeit, Feigheit ... des Aberglaubens finden es besser, in ihm zu bleiben, als ihn aufzugeben; der Trotz, Stolz und Hochmut des Unglaubens finden es kühner, in ihm zu bleiben, als ihn aufzugeben. Die raffinierteste Form solcher Selbstreflexion ist immer die, die sich selbst interessant wird, indem sie sich aus diesem Zustand herauswünscht, während sie doch selbstgefällig in ihm verharrt.

Der Begriff der Angst S. 617f.

Es ist menschlich, zu klagen, menschlich, zu weinen mit dem Weinenden; aber größer ist, zu glauben, seliger, den Gläubigen zu betrachten.

Furcht und Zittern S. 193

Der Glaube ist die höchste Leidenschaft in einem Menschen. Vielleicht gibt es in jedem Geschlecht viele, die nicht einmal bis zu ihm gelangen, aber keiner kommt weiter.

Furcht und Zittern S. 324f.

Der Glaube ist ... kein ästhetisches Rühren, sondern etwas weit Höheres ...; er ist kein unmittelbarer Trieb des Herzens, sondern das Paradoxon [der Widerspruch] des Daseins.

Furcht und Zittern S. 226f.

Der Gott-Mensch ist das Paradox, absolut das Paradox; deshalb ist es selbstverständlich, daß der Verstand daran stillstehen muß.

Einübung im Christentum S. 110

Glauben heißt gerade den Verstand verlieren, um Gott zu gewinnen ... Dies ist der Kampf des *Glaubens*, der, wenn man so will, wahnsinnig um Möglichkeit kämpft. Denn Möglichkeit ist das allein Rettende. Wenn einer ohnmächtig wird, so ruft man nach Wasser, Eau de Cologne, Hoffmannstropfen; aber wenn einer verzweifeln will, so heißt es: schaff Möglichkeit, schaff Möglichkeit, Möglichkeit ist das allein Rettende; eine Möglichkeit, dann atmet der Verzweifelte wieder, er lebt wieder auf; denn ohne Möglichkeit kann ein Mensch gleichsam keine Luft bekommen.

Die Krankheit zum Tode S. 61 f.

Der Glaubende besitzt das ewig sichere Gegengift gegen Verzweiflung: Möglichkeit; denn für Gott ist in jedem Augenblick alles möglich.

Die Krankheit zum Tode S. 63

Der Glaubende betrachtet das ganze Leben, wie der natürliche Mensch gewisse Jahre seines Lebens betrachtet. Der natürliche Mensch findet sich damit ab, gewisse Jahre zu leiden, um dann seinen Lohn zu ernten. Der Glaubende verfügt über das ganze Leben in der Zeit.

Einübung im Christentum S. 144

Keiner soll vergessen werden, der in der Welt groß gewesen ist; aber ein jeder war groß in seiner Weise, und ein jeder im Verhältnis zur Größe dessen, das *er geliebt hat.* Denn wer sich selbst geliebt hat, wurde groß durch sich selbst, und wer andere Menschen geliebt hat, wurde groß durch seine Hingabe; aber wer Gott geliebt hat, wurde größer als alle.

Ein jeder soll im Gedächtnis fortleben, aber ein jeder wurde groß im Verhältnis zu seiner *Erwartung.* Der eine wurde groß, indem er das Mögliche erwartete; ein anderer, indem er das Ewige erwartete; aber wer das Unmögliche erwartet hat, wurde größer als alle.

Ein jeder soll im Gedächtnis fortleben, aber ein jeder wurde groß je im Verhältnis zur Größe dessen, womit er *gerungen* hat. Denn wer mit der Welt gerungen hat, wurde groß, indem er die Welt überwand, und wer mit sich selbst gerungen hat, wurde größer, indem er sich selbst überwand; aber wer mit Gott gerungen hat, wurde größer als alle.

Furcht und Zittern S. 192

Je mehr Vorstellung von Gott, um so mehr Selbst; je mehr Selbst, um so mehr Gottesvorstellung.

Die Krankheit zum Tode S. 113

Die Erinnerung hat nichts zu verlieren

Betrachtung von Zeit

Dies ist ein Geheimnis, das der Wirklichkeit eigen ist ... Der Anlaß ist immer das Zufällige, und dies ist das ungeheure Paradox, daß das Zufällige schlechterdings ganz ebenso notwendig ist wie das Notwendige ... Mit dem Anlaß kommt ... nichts Neues hinzu, sondern durch den Anlaß kommt alles zur Erscheinung ... Der Anlaß ist also zugleich das Bedeutendste und das Unbedeutendste, das Höchste und das Geringste, das Wichtigste und das Unwichtigste. Ohne Anlaß geschieht eigentlich gar nichts, und doch hat der Anlaß gar kein Teil an dem, was geschieht.

Entweder – Oder S. 272ff.

Jedes Lebensmoment darf nur so viel Bedeutung für einen haben, daß man es in jedem beliebigen Augenblick vergessen kann; jedes einzelne Lebensmoment muß aber andererseits so viel Bedeutung für einen haben, daß man sich jeden Augenblick seiner erinnern kann.

Entweder – Oder S. 340f.

Zwar verbietet die Polizei, heimlich Waffen zu tragen, und doch ist keine Waffe so gefährlich wie die Kunst, sich erinnern zu können.

Entweder – Oder S. 341

Vergessen – das wollen alle Menschen; und wenn ihnen etwas Unangenehmes begegnet, so sagen sie stets: ach, wer doch vergessen könnte! Aber das Vergessen ist eine Kunst, die im voraus eingeübt sein muß. Das Vergessenkönnen hängt immer davon ab, wie man sich erinnert; wie man sich aber erinnert, hängt wiederum davon ab, wie man die Wirklichkeit erlebt.

Entweder – Oder S. 340

Je poetischer man sich erinnert, um so leichter vergißt man; denn poetisches Sicherinnern ist eigentlich nur ein Ausdruck für Vergessen. Wenn ich mich poetisch erinnere, so ist mit dem Erlebten schon eine Veränderung vorgegangen, durch die es alles Schmerzliche verloren hat. Um sich so erinnern zu können, muß man darauf achtgeben, wie man lebt, und besonders, wie man genießt.

Entweder – Oder S. 341

An der Kraft zu vergessen kann man eigentlich die Elastizität eines Menschen messen. Wer nicht vergessen kann, aus dem wird nicht viel. Ob irgendwo ein Lethequell [Vergessenheitstrank] sprudelt, weiß ich nicht; aber das weiß ich, daß diese Kunst sich entwickeln läßt. Sie besteht jedoch keineswegs darin, daß der einzelne Eindruck etwa spurlos verschwindet; denn Vergeßlichkeit ist nicht identisch mit der Kunst des Vergessenkönnens. Man sieht auch leicht, wie wenig die Leute sich im allgemeinen auf diese Kunst verstehen; denn sie wollen zumeist nur das Unangenehme vergessen, nicht das Angenehme. Das verrät eine völlige Einseitigkeit ... Da man sich das Vergessen zumeist nur in Beziehung zum Unangenehmen denkt, so stellt man es sich meist als eine wilde Macht vor, die übertäubt. Aber das Vergessen ist im Gegenteil ein stilles Wirken und muß zu dem Angenehmen ebensowohl in Beziehung sein wie zu dem Unangenehmen ... Das Unangenehme hat einen Stachel, das geben alle zu. Auch der wird durch Vergessen entfernt. Macht man es jedoch wie viele von denen, die in der Kunst des Vergessens pfuschen, und verscheucht das Unangenehme ganz und gar, so wird man bald sehen, wozu es einem hilft. In einem unbewachten Augenblick überfällt es einen oft mit der ganzen Gewalt des Plötzlichen.

Entweder – Oder S. 341 f.

Das Vergessen ist die Schere, mit der man wegschneidet, was man nicht brauchen kann, wohlgemerkt unter allerhöchster Aufsicht der Erinnerung. Vergessen und Erinnerung sind somit identisch, und die künstlerisch zuwege gebrachte Identität ist der archimedische Punkt, mit dem man die Welt aus den Angeln hebt. Wenn man sagt, daß man etwas der Vergessenheit überliefert, so deutet man damit ja zu gleicher Zeit an, daß es vergessen und daß es dennoch aufbewahrt wird.

Entweder – Oder S. 343

Wenn man sich dergestalt in der Kunst des Vergessens und der Kunst des Erinnerns perfektioniert hat, so ist man imstande, mit dem ganzen Dasein Federball zu spielen.

Entweder – Oder S. 341

Die Kunst des Erinnerns und des Vergessens wird denn auch verhüten, daß man sich in einem einzelnen Lebensverhältnis festrennt, und einem das vollkommene Schweben sichern.

Entweder – Oder S. 343

Alles in der Jugend hat seine Zeit, und was dann da seine Zeit gehabt hat, bekommt sie später wieder; und es ist für den Älteren ebenso gesund, etwas Vergangenes in seinem Leben zu haben, wodurch er dem Lachen zu Dank verpflichtet ist, wie etwas Vergangenes, das Tränen fordert.

Die Wiederholung S. 359

Das gesunde Individuum lebt zu gleicher Zeit sowohl in der Hoffnung wie in der Erinnerung, und erst dadurch erhält sein Leben wahre, inhaltsreiche Kontinuierlichkeit. Es hat also die Hoffnung und will darum nicht, wie die Individuen, die bloß von Erinnerung leben, in der Zeit zurück. Was tut also die Erinnerung für einen solchen Menschen; denn irgendeinen Einfluß muß sie doch wohl haben?

Entweder – Oder S. 688f.

Die Erinnerung hat den großen Vorteil, daß sie mit dem Verlust beginnt, daher ist sie sicher, denn sie hat nichts zu verlieren.

Die Wiederholung S. 336

In der Erinnerung leben ist das vollkommenste Leben, das sich denken läßt, die Erinnerung sättigt reichlicher denn alle Wirklichkeit, und sie hat eine Sicherheit, wie keine Wirklichkeit sie besitzt. Ein erinnertes Lebensverhältnis ist bereits in die Ewigkeit eingegangen und hat kein zeitliches Interesse mehr.

Entweder – Oder S. 42

Das Ewige dagegen ist das Gegenwärtige ... Das Gegenwärtige ist das Ewige oder richtiger, das Ewige ist das Gegenwärtige, und das Gegenwärtige ist das Vollhaltige ... Das Ewige bezeichnet auch das Gegenwärtige, das nichts Vergangenes und nichts Zukünftiges hat, und daß es das nicht hat, das ist des Ewigen Vollkommenheit ... Sollen dagegen die Zeit und die Ewigkeit einander berühren, so muß es in der Zeit sein, und nun sind wir beim Augenblick.

Der Begriff der Angst S. 544f.

Ein solcher Augenblick muß doch einen besonderen Namen haben, wir wollen ihn nennen: *die Fülle der Zeit.*

Philosophische Brosamen S. 28

Und die unseligste Verwirrung muß notwendigerweise entstehn, wenn die Menschen im Augenblick aufgehn und dann wieder all ihr Vertrauen auf den Augenblick setzen: denn was ist wohl der Augenblick im nächsten Augenblick?

Das Buch Adler S. 324

Der Augenblick bezeichnet das Gegenwärtige als ein solches, das nichts Vergangenes und nichts Zukünftiges hat; ... der Augenblick ... ist der erste Reflex der Ewigkeit in der Zeit, ihr erster Versuch gleichsam die Zeit anzuhalten ... Der Augenblick ist jenes Zweideutige, in dem Zeit und Ewigkeit einander berühren, und hiermit ist der Begriff der *Zeitlichkeit* gesetzt, in der die Zeit beständig die Ewigkeit abreißt und die Ewigkeit beständig die Zeit durchdringt ... Der Augenblick und das Zukünftige setzen wiederum das Vergangene.

Der Begriff der Angst S. 544ff.

Wer jemals einer Idee gedient hat und jemals vom Ewigen ergriffen ward, weiß ganz gut, daß dieser Zusammenstoß des Ewigen und des Zeitlichen im Augenblick, im Nu, eine entsetzliche Spannung ist, die nur allzu leicht Schlaflosigkeit wird und allzu leicht Wahnsinn; er weiß auch, daß es ist, als gehe es um diese Sekunde, als sei alles verloren, wenn diese Sekunde nicht benützt wird.

Das Buch Adler S. 370

Dies ist die Unvollkommenheit der Natur, daß sie keine Geschichte in anderem Sinne hat, und ihre Vollkommenheit, daß sie dennoch eine Andeutung davon hat ..., wäh-

rend es die Vollkommenheit des Ewigen ist, keine Geschichte zu haben und das einzige zu sein, das da ist, und
dennoch absolut keine Geschichte hat.

Philosophische Brosamen S. 90

Daß das Ewige einmal in der Zeit geworden ist, ist nicht
eine Wahrheit, die ihre Probe in der Zeit bestehn soll,
nicht etwas, das von *Menschen geprüft werden soll*, sondern
ist das Paradox, *an welchem die Menschen geprüft werden sollen*; ...

Das Buch Adler S. 381

In der Zeit besinnt sich das Individuum darauf, daß es
ewig ist.

Unwissenschaftliche Nachschrift S. 780

Die Innerlichkeit ist ... die Ewigkeit oder die Bestimmung des Ewigen in einem Menschen ... Wer aber das
Ewige nicht richtig, nicht völlig konkret verstanden hat,
dem fehlt Innerlichkeit und Ernst.

Der Begriff der Angst S. 626

Der zeitliche Ausgangspunkt ist ein Nichts; denn im selben Augenblick, da ich entdecke, daß ich die Wahrheit
von Ewigkeit gewußt habe, ohne es zu wissen, im selben
Nu ist jener Augenblick im Ewigen verborgen, darin aufgenommen, derart, daß ich ihn, sozusagen, nicht einmal
finden kann, selbst wenn ich ihn suchte, weil es da kein
Hier und Dort gibt, ...

Philosophische Brosamen S. 21

Angst ist die Kraft jener Bewegung, mit der die Trauer sich einem ins Herz bohrt. Doch die Bewegung ist nicht schnell wie die des Pfeiles, sie vollzieht sich sukzessiv, sie ist nicht ein für allemal, sondern sie ist immer nur im Werden ... Hinzu kommt, daß die Angst immer eine Reflexion auf die Zeit in sich enthält, denn über das Gegenwärtige kann ich mich nicht ängstigen, sondern nur vor dem Vergangenen oder dem Zukünftigen; ...

Entweder – Oder S. 184

Die Jugend hat die Illusion der Hoffnung, das Alter die der Erinnerung ... Der junge Mensch ist in Illusion, er erhofft das Außerordentliche vom Leben und von sich selbst; hingegen findet man oft bei dem Älteren Illusion in der Hinsicht, wie er sich seiner Jugend erinnert.

Die Krankheit zum Tode S. 88

Die letzten Worte eines Menschen im Augenblick des Abschieds haben immer einen eignen Wert, prägen sich immer fester in das Gedächtnis.

Das Buch Adler S. 426

Warum ist nie jemand von den Toten zurückgekehrt? Weil das Leben nicht zu fesseln versteht, wie der Tod es versteht, weil das Leben nicht jene Überredung besitzt wie der Tod.

Die Wiederholung S. 385

Mut läßt sich vorzüglich im Moment konzentrieren, Geduld nicht, eben weil Geduld der Zeit widerspricht ... Wer ... über Geduld ein wenig Bescheid weiß, weiß recht gut, daß ihr eigentlicher Gegensatz nicht die Intensität des Leidens ist ..., sondern die Zeit, und daß die wahre Geduld die ist, die sich als der Zeit widersprechend erweist, oder eigentlich Langmut ist; Langmut aber läßt sich künstlerisch nicht darstellen, ... sie läßt sich auch nicht dichten, denn sie fordert die lange Dauer der Zeit.

Entweder – Oder S. 681

Der Tanz im Wirbel des Unendlichen

Existenz

Man steckt den Finger in die Erde, um zu riechen, in welchem Land man sich befindet, ich stecke den Finger ins Dasein – es riecht nach nichts. Wo bin ich? Was will das besagen: die Welt? Was bedeutet dieses Wort? Wer hat mich in das Ganze hineingenarrt und läßt mich nun da stehen? Wer bin ich? Wie bin ich in die Welt hineingekommen; warum bin ich nicht gefragt worden, warum nicht mit Bräuchen und Regeln bekannt gemacht worden ...? Wie bin ich Interessent in jener großen Entreprise [Unternehmung] geworden, die man die Wirklichkeit nennt? Warum soll ich Interessent sein? Ist das nicht freigestellt? Und soll ich es notwendig sein, wo ist denn der Verhandlungsleiter, ich habe eine Bemerkung zu machen? Gibt es keinen Verhandlungsleiter? Wo soll ich mich mit meiner Klage hinwenden? Das Dasein ist ja eine Debatte, darf ich darum bitten, daß meine Betrachtung mit in Erwägung gezogen wird? Soll man das Dasein nehmen als was es ist, wäre es dann nicht am besten, daß man zu wissen bekäme, wie es ist?

Die Wiederholung S. 410

148

Jeder Mensch, wie unbegabt er auch sei, wie untergeord-
net seine Stellung im Leben auch sei, hat ein natürliches
Bedürfnis, sich eine Lebensanschauung zu bilden, eine
Vorstellung von der Bedeutung des Lebens und seinem
Ziel.

Entweder – Oder S. 731

Für einen Menschen gilt es nämlich, daß die Folgen seines Lebens wichtiger sind als sein Leben.

Einübung im Christentum S. 68

Nein, wie Ausdauer ... die wahre Tugend ist, so ist auch
Tiefsinn nicht eine Äußerung, eine Aussage, sondern ein
Existieren; Tiefsinn ist der bildlich übertragene Ausdruck,
der bezeichnet, wie viele Fuß tief ein Mensch existierend
geht, im selben Sinne, wie das vom Schiff gesagt wird ...
Oder um dasselbe auf eine andre Weise zu sagen: je mehr
Auszüge ein Fernrohr hat, desto besser ist es, und so auch:
je mehr Auszüge ein Mensch hat, ehe man seines innersten Lebens Verborgenheit erreicht, desto tiefer geht er.

Das Buch Adler S. 366f.

Wir wollen an die Schiffe denken: wenn zwei Schiffe
zusammen segeln, sieht man nicht, welcher Unterschied
sein kann in Hinsicht darauf, wie viele Fuß tief sie segeln –
nein, sie segeln beide.

Das Buch Adler S. 367

Man fürchtet, spurlos zu verschwinden, wenn man ein einzelner existierender Mensch würde, so daß nicht einmal Zeitungen, geschweige denn kritische Journals, geschweige denn weltgeschichtliche Spekulanten einen gewahr werden. Man fürchtet, wenn man ein einzelner existierender Mensch würde, daß man mehr noch als ein Mann auf dem Lande in Vergessenheit und Verlassenheit wird leben müssen, und ... dann wird wohl nicht einmal die Möglichkeit bestehen, daß jemand einen Brief an einen adressiert.

Unwissenschaftliche Nachschrift S. 523f.

Wie man in der Wüste aus Furcht vor Räubern und wilden Tieren in großen Karawanen reisen muß, so haben die Individuen jetzt ein Grauen vor der Existenz ...; nur in großen Horden wagen sie zu leben und klammern sich en masse zusammen, um doch etwas zu sein.

Unwissenschaftliche Nachschrift S. 524

Im Mittelalter meinte man, indem man das Kloster wähle, wähle man das Ungewöhnliche und werde selber ein ungewöhnlicher Mensch; von der Höhe des Klosters blickte man stolz, fast mitleidig auf die gewöhnlichen Menschen herab. Was Wunder, daß man scharenweise ins Kloster ging, wenn man so leichten Kaufs ein ungewöhnlicher Mensch wurde? Die Götter aber verkaufen das Ungewöhnliche nicht zum Spottpreis ... Der wahre ungewöhnliche Mensch ist der wahre gewöhnliche Mensch. Je mehr vom Allgemein-Menschlichen das Individuum in

seinem Leben zu realisieren vermag, ein um so unge-
wöhnlicherer Mensch ist es. Je weniger vom Allgemeinen
es in sich aufnehmen kann, desto unvollkommener ist es.

Entweder – Oder S. 908

Die meisten Menschen leben freilich mit allzu geringem
Bewußtsein von sich selbst, um eine Vorstellung davon zu
haben, was Konsequenz ist ... Ihr Leben besteht entweder
in einer gewissen kindlichen, liebenswerten Naivität oder
in Geschwätzigkeit, von etwas Handlung, etwas Erlebnis,
diesem und jenem; hier tun sie etwas Gutes und dort wieder etwas Verkehrtes, und dann fangen sie wieder von
vorn an; heute sind sie einen Nachmittag verzweifelt,
dann vielleicht drei Wochen; aber dann sind sie wieder
frischen Mutes, und dann wieder einen Tag lang verzweifelt. Sie spielen sozusagen im Leben mit; aber sie erleben
es nie, alles auf einmal einzusetzen, kommen nie zu der
Vorstellung von einer unendlichen Konsequenz in sich.

Die Krankheit zum Tode S. 146

Wie die Menschen im allgemeinen existieren, ist das Komische und das Pathetische so verteilt, daß der eine das
eine, der andere das andere hat, einer etwas mehr von dem
einen, ein anderer etwas weniger.

Unwissenschaftliche Nachschrift S. 217

Jeder Mensch muß in Furcht und Zittern leben, und deshalb darf auch nichts Bestehendes ohne Furcht und Zittern sein. Furcht und Zittern bedeutet, daß man im Wer-

den ist, und jeder einzelne Mensch ... ist im Werden und soll sich dessen bewußt sein.

Einübung im Christentum S. 114

Wer existiert, ist beständig im Werden; ...

Unwissenschaftliche Nachschrift S. 215

Aber dies Werden, wie mühsam ist es wohl, und welch eine schwere Geburt!

Philosophische Brosamen S. 45

So beständig im Werden zu sein, ist die Hinterlist der Unendlichkeit im Dasein. Sie kann einen ... Menschen zur Verzweiflung bringen, denn man fühlt doch beständig einen Drang, etwas fertig zu haben ... Das unaufhörliche Werden ist die Ungewißheit des Erdenlebens, in dem alles ungewiß ist.

Unwissenschaftliche Nachschrift S. 215

Aber wo die Zeit selbst die Aufgabe ist, da ist es ja ein Fehler, vor der Zeit fertig zu werden. Angenommen, ein Mensch erhielte die Aufgabe, sich *einen* Tag lang selbst zu unterhalten, und er wäre bereits am Mittag mit der Unterhaltung fertig: dann wäre ja seine Schnelligkeit kein Verdienst. So auch wo das Leben die Aufgabe ist. Mit dem Leben fertig werden, ehe das Leben mit einem fertig ist, das bedeutet ja gerade nicht mit der Aufgabe fertig zu werden.

Unwissenschaftliche Nachschrift S. 301

In der Existenz ist das Individuum eine Konkretion [Verwirklichung], die Zeit konkret, und selbst während das Individuum überlegt, ist es für den Gebrauch der Zeit verantwortlich. Existenz ist keine abstrakte Eilfertigkeit, sondern Streben und ein fortdauerndes Währenddem; selbst in dem Augenblick, wo die Aufgabe gestellt ist, ist bereits etwas versäumt, weil man währenddem existiert hat, und der Beginn nicht sofort gemacht worden ist.

Unwissenschaftliche Nachschrift S. 724f.

Existieren ... läßt sich nicht ohne Leidenschaft tun.

Unwissenschaftliche Nachschrift S. 472

Gib einem Menschen Energie, Leidenschaft, und er ist alles.

Entweder – Oder S. 836

Aber in eminentem Sinne zu handeln, gehört wesentlich mit dazu, qua Mensch zu existieren; und wenn man handelt, wenn man im Äußersten seiner subjektiven Leidenschaft mit dem vollen Bewußtsein einer ewigen Verantwortung das Entscheidende wagt..., bekommt man etwas anderes zu wissen, sowie daß das Menschsein etwas anderes ist, als jahraus jahrein etwas zu einem System zusammenzuschustern.

Unwissenschaftliche Nachschrift S. 464

Existieren, meint man, sei gar nichts, geschweige denn eine Kunst, wir existieren ja alle, aber abstrakt denken: das ist etwas. Aber in Wahrheit existieren, also mit Bewußtsein seine Existenz durchdringen, zugleich ewig gleichsam weit über sie hinaus und doch in ihr gegenwärtig und doch im Werden: das ist fürwahr schwierig.

Unwissenschaftliche Nachschrift S. 468

Das Wahre ist nicht höher als das Gute und Schöne, sondern das Wahre und Gute und Schöne gehören wesentlich zu jeder menschlichen Existenz, und sie vereinigen sich für einen Existierenden nicht im Denken, sondern im Existieren.

Unwissenschaftliche Nachschrift S. 516

Jedes Individuum hat die gleiche Vollkommenheit, ...

Der Begriff der Angst S. 471

Darin liegt nämlich die ewige Würde des Menschen, daß er eine Geschichte bekommen kann, darin liegt das Göttliche an ihm, daß er selbst, wenn er will, dieser Geschichte Kontinuität verleihen kann; denn die bekommt sie erst, wenn sie nicht den Inbegriff dessen darstellt, was mir geschehen oder widerfahren ist, sondern meine eigene Tat, dergestalt, daß selbst das mir Widerfahrene durch mich verwandelt und von Notwendigkeit in Freiheit übergeführt ist. Das ist das Beneidenswerte an einem Menschenleben, daß man der Gottheit zu Hilfe kommen, sie verstehen kann, und das ist wiederum die einzige eines Menschen würdige Art, sie zu verstehen, daß man in Freiheit sich alles zueignet, was einem begegnet, das Frohe sowohl wie das Traurige.

Entweder – Oder S. 815

Die Freiheit ist unendlich und entspringt aus nichts.

Der Begriff der Angst S. 576

Der Inhalt der Freiheit, intellektuell gesehen, ist Wahrheit, und die Wahrheit macht den Menschen frei.

Der Begriff der Angst S. 610

Die Möglichkeit der Freiheit aber besteht nicht darin, das Gute oder das Böse wählen zu können ... Die Möglichkeit besteht im *Können.*

Der Begriff der Angst S. 497

Das Gute ist dadurch, daß ich es will, und sonst ist es gar nicht. Dies ist der Ausdruck der Freiheit, ebenso verhält es sich auch mit dem Bösen, es ist nur, indem ich es will.

Entweder – Oder S. 784

Das alltäglichste Leben hat ganz gewiß Begebenheit genug, die Frage aber dreht sich um die Möglichkeit in der Individualität, die redlich gegen sich selbst ist.

Der Begriff der Angst S. 634

Unschuld ist Unwissenheit.

Der Begriff der Angst S. 482

Die Unschuld ist ein Wissen, das Unwissenheit bedeutet ... Mit der Unwissenheit beginnt ein Wissen, dessen erste Bestimmung Unwissenheit ist.

Der Begriff der Angst S. 521

Es gibt eine Unschuld, eine Unbewußtheit, die selbst der reinste Gedanke zu stören vermag.

Die Wiederholung S. 375

Schicksal ist ... Einheit von Notwendigkeit und Zufälligkeit. Dies drückt sich sinnreich darin aus, daß das Schicksal blind ist; denn wer blind vorwärts geht, bewegt sich ebenso notwendig wie zufällig.

Der Begriff der Angst S. 558

Wenn das Unglück von außen kommt, so läßt sich doch Trost finden. Hat das Dasein einem Menschen nicht gebracht, was ihn glücklich gemacht haben könnte, so ist es doch ein Trost, daß er es hätte entgegennehmen können.

Furcht und Zittern S. 299

Darum sagen wir Menschen ja auch, daß, wie unglücklich man auch sein möge, das Existieren doch immer ein Gutes sei; und ich erinnere mich eines Schwermütigen, dem einmal mitten in seinem Leiden, als er sich tot zu sein wünschte, beim Anblick eines Korbes mit Kartoffeln die Frage kam, ob er doch nicht mehr Freude am Existieren hätte als eine Kartoffel.

Unwissenschaftliche Nachschrift S. 494

Der Tod tut so weder dazu noch weg, er verändert nicht eines Menschen Leben in concreto, im Gegenteil, er nimmt in abstracto die Bedingung des Lebens weg und hindert dadurch jede weitere Veränderung.

Das Buch Adler S. 320

Das Höchste und Schönste im Leben, davon soll man nicht lesen, nicht hören, das soll man nicht sehen, sondern, wenn man so will, es leben.

Entweder – Oder S. 685

Es lebe der Flug der Gedanken, es lebe die Lebensgefahr im Dienst der Idee, es lebe die Not des Kampfes, es lebe der festliche Jubel des Siegs, es lebe der Tanz im Wirbel des Unendlichen, es lebe der Wellenschlag, der mich im Abgrund verbirgt, es lebe der Wellenschlag, der mich über die Sterne hinaus schleudert.

Die Wiederholung S. 432

Das Große ist, man selbst zu sein

Das Selbst

Die Persönlichkeit hat ihr Zentrum in sich selbst, und wer nicht sich selbst hat, der ist exzentrisch.

Entweder – Oder S. 792

Die meisten Menschen leben im Verhältnis zu ihrem eigenen Selbst, als wären sie beständig draußen, niemals daheim; die Begebenheiten und Unternehmungen ihres Lebens flackern unbestimmt um dieses Selbst; sie schließen vielleicht zuweilen ihre Türe – um daheim zu sein, aber schließen nicht die zerstreuenden Gedanken aus, und sind so doch draußen.

Das Buch Adler S. 483

Von solchen Dingen macht man in der Welt kein großes Aufheben; denn ein Selbst ist das, was in der Welt am wenigsten gefragt ist, und das ist etwas, was am allergefährlichsten ist, sich anmerken zu lassen, daß man eines hat. Die größte Gefahr, sich selbst zu verlieren, kann in der Welt so still vonstatten gehen, als wäre es nichts. Kein Verlust kann so still abgehen; jeden anderen Verlust, ein

Arm, ein Bein, fünf Reichstaler, ein Weib und so weiter bemerkt man doch.

Die Krankheit zum Tode S. 54

Indem er die Menge Menschen um sich sieht, mit allerhand weltlichen Angelegenheiten zu tun bekommt, klug wird, wie es in der Welt zugeht, vergißt ein solcher Mensch sich selbst, ... wagt nicht an sich selbst zu glauben, findet es zu gewagt, er selbst zu sein, findet es leichter und sicherer, wie die anderen zu sein, eine Nachäffung zu werden, eine Nummer zu werden, inmitten der Menge ... Ein solcher Mensch ... ist abgeschliffen wie ein Kieselstein, kurant [umlaufend] wie eine gangbare Münze.

Die Krankheit zum Tode S. 56

So ist es in den Augen der Welt gefährlich, zu wagen, und warum? Weil man dann verlieren kann. Aber das Nicht-Wagen, das ist klug. Und doch, wenn man nicht wagt, kann man gerade dann schrecklich leicht das verlieren, was man doch, wieviel man auch durch Wagen verlor, schwerlich verlor, und auf jeden Fall niemals so, so leicht, so ganz, als wäre es nichts – sich selbst.

Die Krankheit zum Tode S. 57

Die Menge der Menschen lebt umgekehrt; sie sind eifrig damit beschäftigt, etwas zu sein, wenn jemand sie ansieht; sie sind so weit möglich in ihren eigenen Augen etwas, sobald andre sie ansehen, aber in ihrem Innersten, wo die absolute Forderung sie ansieht, da haben sie keinen Geschmack für die Akzentuierung des eigenen Ich.

Unwissenschaftliche Nachschrift S. 696f.

Ja, was man gerade die Weltlichkeit nennt, besteht aus lauter solchen Menschen, die, wie man so sagen kann, sich der Welt verschreiben. Sie gebrauchen ihre Gaben, sammeln Geld, treiben weltliche Geschäfte, berechnen klug ...; aber sie selbst sind sie nicht, sie haben ... kein Selbst, kein Selbst, um dessentwillen sie alles wagen könnten, kein Selbst vor Gott – wie selbstisch sie auch im übrigen sein mögen.

Die Krankheit zum Tode S. 57

Was ist also der Unterschied zwischen einem »Bewunderer« und einem »Nachfolger«? Ein Nachfolger *ist* – oder strebt danach, das zu *sein*, was er bewundert; ein Bewunderer hält sich persönlich fern; bewußt oder unbewußt entdeckt er nicht, daß das, was er bewundert, eine Forderung an ihn enthält, das Bewunderte selbst zu sein oder danach zu streben, es zu werden.

Einübung im Christentum S. 248f.

Ein Widerspruch, der einem Menschen direkt gegenübergestellt wird, ist ein Spiegel – falls man den Menschen dazu kriegen kann, in ihn hineinzuschauen; indem er dann urteilt, muß es offenbar werden, was in ihm wohnt.

Einübung im Christentum S. 149

Schon um sich *selbst* in einem Spiegel zu sehen, ist es notwendig, sich selbst zu kennen, denn anders geht es nicht, oder man sähe so nicht sich *selbst*, sondern nur einen Menschen.

Die Krankheit zum Tode S. 60

Was aber ist denn dies mein Selbst? ... es ist das Abstrakteste von allem, das doch in sich zugleich das Konkreteste von allem ist – es ist die Freiheit.

Entweder – Oder S. 772

Aber je mehr Freiheit, desto mehr Hingabe, und nur der kann Verschwendung mit sich treiben, der sich selbst besitzt.

Entweder – Oder S. 592

Was fürchtest Du also? Du sollst ja keinen andern Menschen, Du sollst nur Dich selbst gebären. Und doch, ich weiß es wohl, es liegt ein Ernst darin, der die ganze Seele erschüttert; sich seiner selbst in seiner ewigen Gültigkeit bewußt werden, ist ein Augenblick, der bedeutsamer ist als alles auf der Welt ... Es ist ein ernster und bedeutungsvoller Augenblick, wenn man für eine Ewigkeit an eine ewige Macht sich bindet, wenn man sich selbst versteht als den, dessen Andenken keine Zeit auslöschen soll, wenn man sich in ewigem und untrüglichem Sinne seiner selbst bewußt wird als der, der man ist.

Entweder – Oder S. 762

161

Sich selber ganz gegenwärtig sein, ist das Höchste und die höchste Aufgabe für das persönliche Leben; ...

Das Buch Adler S. 485

Wenn man nicht sich selber gegenwärtig ist, so ist man abwesend, in der vergangenen oder der künftigen Zeit, ...

Das Buch Adler S. 485

Das Große ist nicht, dieses oder jenes zu sein, sondern man selbst zu sein; und das kann ein jeder Mensch, wenn er es will.

Entweder – Oder S. 728

Doch ist ein Selbst in jedem Augenblick, den es da ist, im Werden, denn das Selbst ist nicht wirklich da, es ist nur das, was werden soll.

Die Krankheit zum Tode S. 51

Seine Seele ist gleich einem Erdreich, aus dem allerlei Kräuter aufschießen, alle mit dem gleichen Anspruch auf Gedeihen; sein Selbst liegt in dieser Mannigfaltigkeit, und er hat kein Selbst, das höher wäre als dieses.

Entweder – Oder S. 785

Das Selbst ist ebensosehr möglich wie notwendig; denn es ist ja es selbst, aber es soll es selbst werden. Insoweit es es selbst ist, ist es notwendig, und soweit es es selbst werden soll, ist es eine Möglichkeit.

Die Krankheit zum Tode S. 58

Die Veränderung des Werdens ist der Übergang von Möglichkeit zu Wirklichkeit ... Alles, was wird, beweist gerade durch das Werden, daß es nicht notwendig ist; denn das Einzige, das nicht werden kann, ist das Notwendige, weil das Notwendige *ist.*

Philosophische Brosamen S. 88

Wenn das Individuum sich selbst erkannt und sich selbst gewählt hat, so ist es im Begriff, sich selbst zu realisieren; da es sich aber frei realisieren soll, muß es wissen, was das ist, was es realisieren soll. Was es realisieren will, ist doch wohl es selbst, aber es ist sein ideales Selbst, das es doch nirgend sonst findet als in sich selbst.

Entweder – Oder S. 826

Die stolze, edle Natur kann alles ertragen; aber ein Ding kann sie nicht ertragen, sie kann nicht Mitleid ertragen. Darin liegt eine Kränkung, die ihr nur von einer höheren Macht zugefügt werden kann; denn durch sich selbst kann sie nie Gegenstand dafür werden.

Furcht und Zittern S. 301 f.

Heuchelei ist ... Entrüstung über sich selbst und Entrüstung ist Heuchelei vor sich selbst.

Der Begriff der Angst S. 618

Wer sich selbst ewig zu eigen hat, der kommt weder zu früh noch zu spät auf die Welt, und wer sich selbst in seiner ewigen Gültigkeit besitzt, der findet wohl auch seine Bedeutung in diesem Leben.

Entweder – Oder S. 743

Und so muß die Ewigkeit handeln, denn ein Selbst zu haben, ein Selbst zu sein, ist das größte, das unendliche Zugeständnis, das dem Menschen gemacht ist; aber zugleich ist es die Forderung der Ewigkeit an ihn.

Die Krankheit zum Tode S. 41

Ein wirklicher Außerordentlicher

Der Einzelne

Kann ein *Mensch* in andrer Herzen schaun und sehn?

Zwei kurze ethisch-religiöse Abhandlungen S. 289

Alle sind eifrig mit dem beschäftigt, was die Zeit fordert, keiner scheint sich darum zu kümmern, was der Einzelne braucht.

Unwissenschaftliche Nachschrift S. 667

Auf der einen Seite steht die Ausnahme, auf der anderen das Allgemeine ... Das Verhältnis ist dies. Indem die Ausnahme sich selbst durchdenkt, denkt sie zugleich an das Allgemeine, indem sie sich selbst durchwirkt, wirkt sie für das Allgemeine, indem sie sich selbst erklärt, erklärt sie das Allgemeine. Die Ausnahme erklärt also das Allgemeine und sich selbst, und wenn man das Allgemeine recht studieren will, braucht man sich bloß nach einer berechtigten Ausnahme umzusehen; sie tut das Allgemeine bei weitem deutlicher dar als das Allgemeine selbst.

Die Wiederholung S. 435

Das ist eben das Schöne am Allgemeinen, daß alle es verstehen können.

Entweder – Oder S. 916

Da nun unsre Zeit, als die der Bewegung, die etwas Neues gebären will, die Kollision zwischen dem einzelnen und dem Allgemeinen öfter erleben wird, will ich länger verweilen bei dem, was vielleicht in mehr als einer Hinsicht not tun wird. Wenn nämlich der besondre einzelne das Allgemeine liebt, von sich selber als einzelnem gegenüber dem Allgemeinen gering denkt, mit Furcht und Zittern davor schaudert, in einem Irrtum zu sein: so wird er für das Allgemeine alles so leicht und so gut wie möglich machen. Und dieses Verhalten ist ein Kennzeichen dafür, daß es doch möglich wäre, daß er ein wirklicher Außerordentlicher ist.

Das Buch Adler S. 345

Aber wenn der einzelne das Allgemeine nicht liebt, das Bestehende nicht ehrt – was man gut kann, wiewohl man etwas Neues zu bringen hat –, wenn er vielleicht in seinem Innersten mit sich selbst darüber nicht einig ist, was er ist, sondern nur pfuscht, nur prüft, ob es sich gut bezahlt macht, ein Außerordentlicher zu sein: so wird er, teils mit seinem Wissen ... dem Bestehenden alles so schwer wie möglich machen, teils es tun, ohne sich dessen recht bewußt zu werden, weil er nämlich im Grunde das Bestehende nicht entbehren kann und sich deshalb daran klammert; versucht die Verantwortung von sich auf das

Allgemeine zu schieben, advokatorisch das Allgemeine dazu zu bringen, zu tun, was er selbst tun müßte.

Das Buch Adler S. 346

Ferner ist man der Ansicht, als der Einzelne zu existieren sei das Leichteste von allem, und deshalb solle man die Leute gerade dazu zwingen, das Allgemeine zu werden. Ich vermag weder jene Furcht noch diese Ansicht zu teilen, und zwar aus dem gleichen Grund. Wer gelernt hat, daß als der Einzelne zu existieren das Entsetzlichste von allem ist, der soll nicht bange sein zu sagen, es sei das Größte; . . .

Furcht und Zittern S. 263

Einem wahren Außerordentlichen müssen immer die Voraussetzungen seiner Zeit dienen; insofern müßte er in unsrer Zeit in eminentem Sinn über das verfügen, was ihr besonderes Kennzeichen ist: Reflexion und Verstand.

Das Buch Adler S. 364

Sobald dagegen der einzelne seine Reflexion so tief greifen läßt, daß er über die Grundvoraussetzungen des Bestehenden reflektieren will, so intendiert [beabsichtigt] er schon, ein besondrer einzelner sein zu wollen; . . .

Das Buch Adler S. 352

Das Ethische ergreift den Einzelnen und fordert von ihm, daß er sich von allem Betrachten, besonders der Welt und der Menschen, enthalte; denn das Ethische als das Innere

läßt sich von jemand, der draußen steht, gar nicht betrachten, es läßt sich nur von dem einzelnen Subjekt realisieren,
das dann von dem wissen kann, was in ihm wohnt: ...

Unwissenschaftliche Nachschrift S. 483

Will ein ganzes Geschlecht König sein, will ein ganzes
Geschlecht im Außerordentlichen pfuschen, so wird das
Jux.

Das Buch Adler S. 353

Dies ist ja auch der wesentliche Unterschied zwischen
Bewegung und Schwanken, daß Bewegung die Richtung
hat nach vorwärts; Schwanken ist die Bewegung auf und
nieder, rundherum wie die Stange in einem Butterfaß,
wie bei den Füßen dessen, der Torf tritt, gleich wie Ge-
rücht und Stadtklatsch, wie der Kochlöffel in der Hand
der Köchin, wenn sie den Brei rührt.

Das Buch Adler S. 362

Durch Schwanken entsteht auch nichts Rechtes; man
kann hier anwenden, was die Fischer sagen: daß nämlich
in gewissen Monaten die Fische wohl viel anbeißen, aber
daß sie falsch anbeißen. Das falsche Anbeißen ist das Sym-
ptomatische, gegründet darin, daß der Fisch nicht recht
Lust hat; und was durch Hin- und Herschwanken geschieht, ist auch immer nur symptomatisch.

Das Buch Adler S. 362f.

Der Bewegungsmann hat keine ewige Überzeugung, er
kann deshalb unmöglich im ewigen Sinne sicher sein,

noch ist er einzig damit beschäftigt, diese Sicherheit zu erwerben: gerade darum hat er keinen Platz und keine Zeit, um etwas Sonderliches zu wagen.

Das Buch Adler S. 358

Sieh, ... der Bewegungsmann hat nichts Ewiges und deshalb nichts Festes, er hat als Folge davon auch nicht den Mut, der *kenntliche* einzelne zu werden, der etwas will und *wagen* will.

Das Buch Adler S. 361

Was also den Unterschied zwischen dem ordentlichen einzelnen und dem besondern einzelnen ausmacht, ist der *Ausgangspunkt*; im übrigen kann es gut sein, daß ein ordentlicher einzelner, menschlich gesprochen, größer ist als ein wirklicher Außerordentlicher.

Das Buch Adler S. 354

Der einzelne Mensch kann nicht als durch eine spezifische Qualität verschieden von allen andern *gedacht* werden ... Alle menschlichen Differenzen zwischen Mensch und Mensch qua Mensch verschwinden für das Denken als Momente im Totalen und in der Qualität der Identität.

Zwei kurze ethisch-religiöse Abhandlungen S. 307f.

Schweigen ist Betörung durch den Dämon; und je mehr geschwiegen wird, um so entsetzlicher wird der Dämon; aber Schweigen ist auch das Einverständnis der Gottheit mit dem Einzelnen.

Furcht und Zittern S. 281

Hemme nicht deiner Seele Flug

Wahrheit

Gibt es für einen *Menschen* allein im Verhältnis zu anderen Menschen – im Kampfe – eine absolute Pflicht der Wahrheit gegenüber?

Zwei kurze ethisch-religiöse Abhandlungen S. 287

Die Wahrheit hat allezeit viele laute Verkündiger gehabt, aber die Frage ist, ob ein Mensch im tiefsten Sinne die Wahrheit erkennen will, sie sein ganzes Wesen durchdringen lassen will, alle ihre Konsequenzen annimmt und nicht für den Notfall ein Schlupfloch für sich selbst und einen Judaskuß für die Konsequenz bereithalten will.

Der Begriff der Angst S. 610

Das Maß der Konsequenz beweist immer, ob man ein Künstler ist oder ein Pfuscher; denn bis zu einem gewissen Grade tun alle Menschen das gleiche.

Entweder – Oder S. 349

Es ist genügend bekannt, daß die redlichsten und am meisten wahrheitsliebenden Menschen sich am allerehesten in Widersprüche verwickeln, wenn sie Gegenstand einer inquisitorischen Behandlung und der fixen Idee eines Inquisitors werden, während es nur einem verworfenen Verbrecher vorbehalten ist, auf Grund der Genauigkeit, die ein schlechtes Gewissen einschärft, sich in seiner Lüge nicht selbst zu widersprechen.

Philosophische Brosamen S. 108 f.

Mit Recht verhält sich das Menschengeschlecht der Erfindung der Buchdruckerkunst, des Pulvers usw. gegenüber triumphierend, ebenso in bezug auf die vielen Eroberungen, die auf dem Gebiete der Wissenschaft und Kunst gemacht worden sind usw., denn hier ist die Wahrheit ein Ergebnis, …

Einübung im Christentum S. 219

Mag der wissenschaftliche Forscher mit rastlosem Eifer arbeiten, mag er sogar sein Leben im begeisterten Dienst der Wissenschaft verkürzen, mag der Spekulierende weder Zeit noch Fleiß sparen: sie sind doch nicht unendlich persönlich mit Leidenschaft interessiert, im Gegenteil, sie wollen es nicht einmal sein. Ihre Betrachtung will objektiv, interesselos sein. Was das Verhältnis des Subjekts zu der erkannten Wahrheit angeht, so wird angenommen, daß wenn bloß das objektiv Wahre zustande gebracht ist, dann sei die Aneignung ein Leichtes, die bekomme man von selbst mit dazu, und am Ende komme es auf das Individuum überhaupt nicht mehr an.

Unwissenschaftliche Nachschrift S. 148

Eine ewige Wahrheit hat, qualitativ verstanden, das ihrige für sich selbst, sie hat kein Verhältnis zu ihrem Bestehn als Beweis für ihre Wahrheit, ...

Das Buch Adler S. 380

Ist es denkbar, daß sich jemand ohne weiteres mit Hilfe eines anderen so etwas wie »Wahrheit« aneignen kann? Ohne weiteres bedeutet dabei, ohne daß man selbst auf ähnliche Weise sich entwickeln und versuchen lassen, kämpfen und leiden will wie der, der für ihn die Wahrheit erwarb. Ist es nicht ebenso unmöglich, wie sich die Wahrheit zu erschlafen oder zu erträumen, sie ohne weiteres sich anzueignen, so wach man auch sein mag, und wenn man ganz wach ist, ist es dann nicht nur eine Einbildung, wenn man nicht einsieht oder nicht einsehen will, daß es bei der Wahrheit keine Verkürzung gibt, ...?

Einübung im Christentum S. 212

Inwiefern kann die Wahrheit gelehrt und gelernt werden? ... Wenn Wahrheit gelehrt und gelernt werden soll, muß ja vorausgesetzt werden, daß sie nicht ist, also indem sie gelernt werden soll, wird sie gesucht. Hier taucht nun die Schwierigkeit auf ..., daß ein Mensch unmöglich suchen kann, was er weiß, und ebenso unmöglich suchen kann, was er nicht weiß, denn was er weiß, kann er nicht suchen, da er es weiß, und was er nicht weiß, kann er nicht suchen, denn er weiß ja nicht einmal, was er suchen soll.

Philosophische Brosamen S. 17

Das einfachste und natürlichste Verhältnis zwischen Mensch und Mensch, in Relation zur Wahrheit, ist dies, daß »der einzelne« annimmt, daß »die andern« die Wahrheit mehr besitzen als er. Darum ordnet er sich ihnen unter, bildet seine Meinung der ihren entsprechend um, betrachtet ihre Zustimmung als ein Kriterium der Wahrheit.

Zwei kurze ethisch-religiöse Abhandlungen S. 299

Sokratisch bereits ... ist die Wahrheit in der Minorität, gerade »die Vielen« sind das Kriterium der Unwahrheit, gerade das Siegende ist der Spitzel, der die Gegenwart der Unwahrheit verrät.

Zwei kurze ethisch-religiöse Abhandlungen S. 299

Es ist unendlich komisch, daß jemand die ganze Wahrheit verstehen kann, wie klein und erbärmlich die Welt ist und so weiter – daß er es verstehen kann, und es dann nicht wieder erkennen kann, was er verstanden hat; denn fast im selben Augenblick geht er selbst hin und ist mit hineingeraten in dieselbe Kleinlichkeit und Erbärmlichkeit, nimmt von ihr Ehren an und wird von ihr geehrt, das heißt, er anerkennt sie.

Die Krankheit zum Tode S. 127

Ja, man kann die Wahrheit eigentlich gar nicht wissen; denn weiß man die Wahrheit, so muß man ja auch wissen, daß die Wahrheit darin besteht, die Wahrheit zu sein, und dann weiß man ja auch durch sein Wissen um die Wahrheit, daß die Wahrheit wissen eine Unwahrheit ist ... Das heißt also: das Wissen steht in Beziehung zur Wahrheit, aber solange bin ich unwahr außerhalb meiner selbst; denn in mir, das heißt, wenn ich wahrhaft in mir bin ..., ist die Wahrheit, falls sie da ist, ein Sein, ein *Leben*.

Einübung im Christentum S. 215

Das Wie der Wahrheit ist gerade die Wahrheit.

Unwissenschaftliche Nachschrift S. 485

Meine These ist: die Subjektivität, die Innerlichkeit ist die Wahrheit.

Unwissenschaftliche Nachschrift S. 436

Wer nicht das Totale entdeckt, entdeckt eigentlich nichts.

Die Wiederholung S. 348

Alles will in der Stille erworben und in Schweigen ver-göttlicht werden.

Entweder – Oder S. 41

Hemme nicht deiner Seele Flug, betrübe nicht das Bessere in dir, ermatte deinen Geist nicht mit halben Wünschen und halben Gedanken. Frage dich, und höre nicht auf zu fragen, bis du die Antwort findest; denn man kann eine Sache viele Male erkannt, sie anerkannt haben, man kann eine Sache viele Male gewollt, sie versucht haben, und doch, erst die tiefe innere Bewegung, erst des Herzens unbeschreibliche Rührung, erst sie vergewissert dich, daß das, was du erkannt hast, dir gehört, daß keine Macht es dir rauben kann; denn nur die Wahrheit, die erbaut, ist Wahrheit für dich.

Entweder – Oder S. 932f.

Über Sören Kierkegaard

Sören Aabye Kierkegaard ist Philosoph, Dichter, Theologe und darüber hinaus ein einfühlsamer Kenner der menschlichen Psyche sowie ein genauer Beobachter des alltäglichen Lebens und der Gesellschaft des 19. Jahrhunderts.

Bewußt trennt er sein Werk nicht in philosophische, literarische und theologische Arbeiten, da er der Überzeugung ist, daß die Betrachtung und Beurteilung des Menschen in klar voneinander abgegrenzten Kategorien diesem in keiner Weise gerecht werde. Deshalb bietet Kierkegaard vielerorts grundlegende philosophische Erkenntnisse in fiktiver literarischer Form dar statt sie auf herkömmliche Weise wissenschaftlich zu präsentieren. Seine Fülle an Ideen und Themen kleidet er in eine beeindruckende Vielfalt von Stilen und literarischen Formen. Von nüchterner und besonnener Prosa über poetische Dichtungen, verstreute Aphorismen, persönlichen Beobachtungen und reflektierenden Erörterungen bis zu komplizierten theoretischen Abhandlungen reicht sein Ausdrucksspektrum.

Dabei wendet sich Kierkegaard nicht offen als Autor an den Leser, sondern bedient sich zum einen verschiedener

Pseudonyme, unter denen er seine Bücher veröffentlicht und zum anderen läßt er wiederholt fiktive Personen sprechen. Oftmals ist kaum zu erkennen, ob es sich bei dem gerade erörterten Thema um das gedankliche Durchspielen einer bloßen Möglichkeit handelt, die unter dem Deckmantel eines Verfassers oder eines Sprechers vorgestellt wird oder um Kierkegaards tatsächliche Ansicht. So will er einerseits den Leser einladen, vorbehaltlos an völlig gegensätzlichen Lebensentwürfen, Anschauungen und Lebensstilen teilzuhaben, sich in diese verschiedenen Personen hineinzudenken und sich mit deren Gedanken und Gefühlen auseinanderzusetzen – ohne jegliche moralische Richtungsweisung. Die dargebotenen unterschiedlichen Lebensanschauungen werden eindringlich aber wertfrei charakterisiert und zugleich wird es dem Leser überlassen, eine von vorgegebenen Wertmaßstäben unabhängige Position einzunehmen. Andererseits scheint Kierkegaard sich mittels dieser Masken und wechselnden Verkleidungen von den Standpunkten, die seine Pseudonyme und erdichteten Personen jeweils vertreten, zu distanzieren.

Warum ein derartiger Aufwand? Kierkegaard mißtraut allen Doktrinen, Konventionen, vorherrschenden Meinungen und Institutionen seiner Zeit zutiefst. Kein Mensch kann einem anderen die Grundlage seines Lebens – die für ihn bindende letztgültige Wahrheit – geben. Und kein Gesetz kann sie verordnen. Seiner Überzeugung nach muß jeder einzelne Mensch die absolute Verantwortung für sich selbst übernehmen und tragen und seine nur für ihn verbindlichen Handlungs-Maximen eigenständig erwerben. Hierbei ist Kierkegaard jeder suspekt, der behauptet, im ›Besitz der Wahrheit‹ zu sein, denn in seinen Augen ist der Weg zur erhellenden Klarheit nicht nur äußerst mühsam, sondern ein stetiger niemals endender Prozeß des Erwerbens, Eroberns und Aneignens. Nicht theoretisches Wissen und abstraktes Denken begründen das Mensch-Sein, sondern konkretes tätiges Handeln. Dabei besteht Kierkegaards wesentliche Forderung darin, daß jeder Mensch lernt, jederzeit und in jeder Situation alle grundlegenden Fragen des Lebens an sich selbst zu stellen. Der Mensch soll in Eigenverantwortung selbst entscheiden und nicht irgendeiner fremden Autorität Folge leisten. Kierkegaard will weder Anweisungen noch Ratschläge erteilen, er will weder belehren noch urteilen. Und keinesfalls will er sich moralisch über andere erheben. Sein Ziel ist es, den Menschen mit sich selbst zu konfrontieren, ihn aufzurütteln aus seiner Lethargie und Saturiertheit, ihn zu bewegen, sich selbst genau zu beobachten und wahrzunehmen. Nur wer seiner selbst wirklich bewußt ist, kann sich in andere Menschen einfühlen. Nur wer in seinen eigenen Abgrund geblickt hat, ist in der Lage, Verständnis für die Abgründe seiner Mitmenschen zu empfinden. Und nur wer sich selbst respektiert, annimmt und liebt, kann ein wahrhaftiges aufrichtiges Miteinander leben. Es liegt allein in des Menschen Macht, sich zu erkennen, sich zu bekennen und sich zu wählen. Kierkegaard will dem Menschen Mut machen, sich dem eigenen Ich zu öffnen, sich unerschrocken sich selbst zu offenbaren und für sich einzustehen. Dabei wertet Kierkegaard weder Gut noch Böse – aber jeglicher Form von Indifferenz tritt er entgegen. Denn nur in absolut entschiedener Autonomie und Autarkie kann der Mensch zu dem gelangen, was er ist: ein Selbst, ein Einzelner, ein wahrhaft Außerordentlicher.

Mit dem exzessiven Spiel der Maskerade will Kierkegaard seinen Leser immer wieder dazu bringen, sich auf verschiedensten Wegen nicht nur mit sich selbst, sondern sich darüber hinaus auch mit seinen Mitmenschen und mit Themen des Lebens zu beschäftigen, die nicht in seinem primärem Interessenbereich liegen, wie Fragen des Glaubens.

Um diese Denkweise des dänischen Philosophen zu verstehen, ist die Kenntnis seiner Vita und der geistigen Strömungen seiner Zeit hilfreich, da Leben und Werk bei Kierkegaard ebenso unauflöslich ineinander verschlungen sind wie Dichtung und Zeitkritik.

Sören A. Kierkegaard wird am 5. Mai 1813 in Kopenhagen als siebtes Kind von Michael Pedersen Kierkegaard geboren. Zu diesem Zeitpunkt ist der Vater bereits 56 Jahre alt und hat sich von seinen gutgehenden Geschäften als Wollwarenhändler schon lange zurückgezogen. Kierkegaards Mutter, Anne Lund, die der Vater ein Jahr nach dem frühen Tod seiner ersten Frau geheiratet hat, hatte in dessen Haus als Dienstmädchen gearbeitet. Im Gegensatz zu der eher ungebildeten Mutter, die in der Erziehung Kierkegaards keine große Rolle spielt, übt der Vater einen dominierenden Einfluß aus. Der Autodidakt und kluge Geschäftsmann ist auch ein frommer Angehöriger der lutherischen Kirche – die Selbstverständlichkeit unbedingter Pflichterfüllung im Gehorsam sowie bedingungslose Selbstdisziplin bilden die Grundlage der Erziehung seines Sohnes. Schon früh erkennt der Vater die herausragende Intelligenz seines jüngsten Kindes und beschäftigt sich aufmerksam und intensiv mit ihm. Michael P. Kierkegaard ist jedoch von einer tiefen schwermutsvollen Innerlichkeit, die ihn unablässig überschattet. Zeit seines Lebens glaubt er, seine Familie und er stünden unter einem geheimnisvollen furchtbaren Fluch, an dem er die Schuld trage, da er einmal in seiner Jugend, während er entsetzlich hungernd und frierend Schafe auf der Heide in Jütland hütete, in einer Anwandlung von Einsamkeit und Zorn Gott verflucht habe. Dieses Erlebnis des Zwölfjährigen ist jedoch nicht die einzige Schuld, die der Vater meint, auf sich geladen zu haben. Nach dem Tod seiner ersten Frau hatte er seine Haushälterin verführt, sie zwar später geheiratet, aber bereits vier Monate nach der Eheschließung wurde das erste Kind geboren. Auch dieses Treiben hat Michael P. Kierkegaard als eine unerträgliche Sünde empfunden und sich nie verziehen. Die ständige Erwartung einer göttlichen Strafe umgibt den Vater mit einer düsteren Atmosphäre religiöser Schuld, die nicht nur einen tiefen Eindruck bei Sören Kierkegaard hinterlassen, sondern ihn in einer dauernden Ambivalenz von Bewunderung und Furcht zu seinem Vater gehalten hat. Um seine Kinder gegen die Versuchungen zu feien, denen er selbst erlegen war, oktroyierte er insbesondere seinem Jüngsten die Gebote des Christentums mit besonderer Strenge.

Im Alter von 17 Jahren nimmt Kierkegaard an der Kopenhagener Universität sein Studium auf. Im ersten Jahr absolviert er Einführungskurse in Griechisch, Latein,

Mathematik, Physik, Geschichte und Philosophie. Nach ausgezeichnetem Prüfungsergebnis wendet er sich dem Studium der Theologie zu. Mit zunehmendem Studienverlauf läßt Kierkegaards Interesse jedoch nach und er zieht es vor, an dem pulsierenden Leben Kopenhagens teilzuhaben. Dandyhaft flaniert er durch die Straßen, verschwendet große Geldbeträge für Vergnügungen und Kleidung, besucht Cafés und Restaurants, Theater, Oper und Abendgesellschaften und macht immer wieder hohe Schulden, die er seinen Vater begleichen läßt. Nach außen hin ausgelassen und unbekümmert wirkend, quält ihn jedoch ein tiefes Gefühl der Unzulänglichkeit, Langeweile und existentiellen Leere. Er liest viel in dieser Zeit, vor allem im Bereich der Philosophie und Literatur. Diese Phase dauert bis zum plötzlichen Tod des Vaters im Jahr 1838 an, der ihn so heftig berührt, daß er sein Studium unverzüglich wieder aufnimmt und dem Wunsch seines Vaters entsprechend beginnt, sich auf die Prüfungen vorzubereiten. Im Juli 1840 wird ihm der Magistergrad in Theologie verliehen. Zwei Monate später gibt er seine Verlobung mit der 15jährigen Regine Olsen bekannt und wiederum zwei Monate später beginnt er mit seiner Dissertation und dem Kurs am Pastoralseminar. Alles deutet darauf hin, daß Kierkegaard jetzt eine bürgerliche Existenz leben will. Doch der Schein trügt. Zunehmend plagen ihn Zweifel, ob er, als ein Mensch voller Ernsthaftigkeit und Schwere, befähigt sei, eine Frau glücklich zu machen. Einerseits fühlt er, daß seine geistige Disposition einer glücklichen Ehe sicherlich im Wege stünde, aber andererseits weiß er wohl auch nicht so recht, was er mit einer

Ehe anfangen soll. Nach einem knappen Jahr Verlobungszeit schickt er Regine den Ring zurück. Das Mädchen kämpft um ihn, beschwört ihn, zu bleiben. Erst als er sich entschließt, ihr rücksichtslose Gleichgültigkeit vorzuspielen, um sie endgültig von ihm zu befreien, ist sie in der Lage, die Trennung zu akzeptieren. Überzeugt davon, die richtige Entscheidung getroffen zu haben, fügt sich Kierkegaard mit der Aufhebung der Verlobung dennoch selbst tiefes Leid zu. Erst nach der späteren Heirat Regines mit Fritz Schlegel im Jahr 1847 kann er sich wieder frei fühlen. Obwohl seine Bindung an das Christentum unwiderruflich feststeht, verwirft er jetzt seinen Plan, eine kirchliche Laufbahn einzuschlagen, zieht sich in ein stilles Junggesellenleben zurück und verwendet die beträchtliche väterliche Erbschaft, um sich fortan ausschließlich der Schriftstellerei zu widmen. In seinem literarischen Schneckenhaus arbeitet er an mehreren Schreibpulten gleichzeitig, und innerhalb eines Jahrzehnts entstehen mehr als 6000 Druckseiten.

Ein weiteres aufwühlendes Ereignis in Kierkegaards Leben ist seine Fehde mit dem »Corsaren« im Jahr 1846. Dieses satirische Wochenblatt unterzieht prominente und bedeutende Zeitgenossen der Kritik und gibt sie der Lächerlichkeit preis. Bislang immer mit Respekt behandelt, weist Kierkegaard in einem anderen Kopenhagener Blatt darauf hin, daß er die bisherige Schonung seiner Person als eine üble Schmach empfinde. Der »Corsar« nimmt die Herausforderung an und fortan wird Kierkegaard Woche um Woche auf eine Weise, die weder seine Lebensweise noch sein äußeres Erscheinungsbild schont, in Wort und

Karikatur als wunderlicher Kauz an den Pranger gestellt. Überall, wo er auftaucht, wird gelacht, geflüstert und mit dem Finger auf ihn gezeigt. Die öffentlichen Demütigungen verletzen ihn sehr und er begibt sich noch tiefer in seine Isolation. Doch dient ihm diese diffamierende Erfahrung auch zur genauen Betrachtung der zeitgenössischen Gesellschaft, die er der Heuchelei, Selbstgefälligkeit und Selbsttäuschung bezichtigt, und er sieht sich in seiner Überzeugung bestärkt, die Menschen aufrütteln zu müssen, um sie auf ihre Lebensweise aufmerksam zu machen.

Sein letztes Lebensjahr verbringt Kierkegaard mit einem Angriff auf das klerikale System. 1854 stirbt Bischof Mynster und sein Nachfolger, der Theologe Hans Martensen, bezeichnet den Bischof in seinem Nachruf als einen ›Wahrheitszeugen‹. Dieser Ausdruck bestätigt Kierkegaard in seiner Ansicht, daß die Kirche nur noch eine weltliche Institution sei und genau jene selbstzufriedene dogmatische Doppelmoral zum Christentum verkörpere, die er in seinen Werken stets angeprangert hat. Kierkegaard veröffentlicht seine flammende Kritik an der dänischen Staatskirche in dem Flugblatt »Der Augenblick«, das er auf eigene Kosten drucken läßt. Damit aber ist seine Lebenskraft aufgezehrt und er bricht auf offener Straße zusammen. Nachdem er es abgelehnt hat, von einem Geistlichen das Abendmahl zu empfangen, stirbt er am 11. November 1855 mit nur 42 Jahren.

Kierkegaard lebt und schreibt in der Mitte des 19. Jahrhunderts, einer Zeit, die er als eine Epoche der Krise empfindet, denn es ist die Zeit des gesellschaftlichen Auf- und Umbruchs: Die traditionelle Rolle von Staat und

Kirche ist einer tiefgreifenden Veränderung ausgesetzt, Presse- und Meinungsfreiheit werden propagiert, alte Herrschaftsmuster werden durch neue abgelöst, Europa wird durch Revolutionen erschüttert. In diesem gesellschaftlichen Wandel sieht Kierkegaard den unaufhaltsamen Untergang alter Denk- und Glaubensmodelle, die dem Menschen bisher nicht nur Halt gegeben, sondern ihm auch sein Dasein hinreichend erklärt haben.

So ist die zeitgenössische Philosophie stark von Hegels Systematik geprägt, dessen umfassendes abstraktes Denkkonstrukt Kierkegaard durchaus als methodisches Erklärungsmodell für historische Veränderungen anerkennt, das ihm jedoch keinesfalls die Existenz des einzelnen Menschen innerhalb der Historie erklären kann. Ein rein abstraktes Denken leugnet seiner Ansicht nach jegliche Emotionalität, ignoriert persönliche Leidenschaft und verhindert individuelle Entwicklungs- und Wahlmöglichkeiten. Kierkegaards Gedanken über die Existenz basieren auf genauer Beobachtung und einer kritischen Analyse seiner Zeit und ihrer Gesellschaft. Angesichts der zerfallenden Wirklichkeit und der zunehmenden Verantwortungslosigkeit und Anonymisierung des einzelnen Menschen empfindet er es als eine Notwendigkeit, die Bedeutung und Integrität des Individuums zu bestätigen und zu stärken. Mit seinem ironischen Spiel an Masken, Fiktionen und Optionen kann Kierkegaard der sich auflösenden Gegenwart mit einer Vielzahl und Vielfalt an Stimmen begegnen und den Leser zahlreiche Wirklichkeiten durchspielen lassen – bevor sie Wirklichkeit für ihn werden.

Was aber geschieht, wenn alle Möglichkeiten ideell durchlebt und erkannt worden sind, sich das Bewußtsein in der Wirklichkeit jedoch nicht beheimatet fühlt? Wie kann das Bewußtsein aus dem leichten Spiel mit Möglichkeiten wieder Fuß in der harten Wirklichkeit fassen? Und was soll das unglückliche Bewußtsein tun, wenn es sich der Wirklichkeit bemächtigt hat, bevor die Wirklichkeit erkannt worden ist?

Für Kierkegaard gibt es nur einen Weg aus dieser zermürbenden Zwangslage: den Glauben. Der Glaube zwingt den Menschen, sich von allen faktisch belegten Theorien zu lösen, sich mit furchtloser Leidenschaft einer höheren Macht anzuvertrauen, die ihre Kraft erst jenseits aller Beweise und Reflexionen entfaltet. Für Kierkegaard gibt es keinerlei Zweifel an der Existenz Gottes, auch wenn er sich der rationalen Gewißheit des Menschen entzieht. Aber jeder hat das Recht und die Fähigkeit, in eigener Verantwortung und auf eigenes Risiko zu entscheiden, ob er an diesen Gott glauben will. Dafür jedoch muß der Mensch den Mut aufbringen, sich in ein unbestimmtes Dunkel zu wagen, in dem ihn ausschließlich sein eigener Entschluß und seine eigene Leidenschaft tragen können. Es ist nicht nur ein einmaliges radikales Unternehmen, zu dem Kierkegaard den Menschen auffordert, sondern ein geistiges rückhaltloses Engagement für etwas Unbekanntes, das objektiv und rational ungewiß und letztendlich paradox ist.

Nachklang

Die hier versammelten Gedanken, Aphorismen, Sentenzen und Passagen habe ich nicht ohne Bedenken aus den jeweiligen Einbindungen entnommen, denn sie erhalten so einen vom Autor nicht beabsichtigten Charakter feststehender Aussagen. Sie sind unter dem Aspekt einer breiten Gültigkeit ausgewählt und darüber hinaus in neue, thematisch übergeordnete Zusammenhänge gestellt worden, die nicht den grundlegenden Gedanken der Werke entsprechen, aus denen sie stammen. Gleichwohl geben die Zitate einen Einblick in die Grundzüge des Kierkegaardschen Denkens und vermitteln einen Eindruck seiner stilistischen, intellektuellen und sprachgewaltigen Gewandtheit.

Vor allem aber bieten sie die Möglichkeit, sich Kierkegaard in kleinen Abschnitten zu nähern und in ihm das zu entdecken, was er bis heute ist: ein ermutigender und leidenschaftlicher Verfechter der menschlichen Integrität. Das macht ihn zu einem der seltenen Denker, die sich nicht in reinen und abstrakten Theorien des Geistes erschöpfen, sondern das ungeheure Wagnis eingehen, dem Menschen in die Seele zu blicken. Mit seinem Verständnis für die Zerbrechlichkeit des Individuums und die Brüchigkeit des Seins ist Kierkegaard als existentieller Denker seiner Zeit weit voraus und nahezu ein Vertreter der Moderne. Und noch heute, 150 Jahre nach seinem Tod, ist sein Menschenbild angesichts unserer wankenden und sich beständig wandelnden Daseinsbedingungen hochaktuell und allgemein gültig. Sein untrügliches Gespür für die Sorgen und Nöte und die innere Zerrissenheit des Menschen geben das Gefühl, verstanden und anerkannt zu werden. Sein unerschöpflicher Mut, den Blick niemals vom Menschen abzuwenden, spendet Zuspruch und Hoffnung. Und so manches Mal bringt er einen mit seinen prägnanten und entlarvenden Beobachtungen auch einfach nur zum Lachen. Es ist ein breites Spektrum, das er uns offeriert, und es ist in jeder Hinsicht lohnenswert, sich mit diesem außergewöhnlichen Denker näher zu beschäftigen. Mich begleitet und bereichert er seit vielen Jahren, und bei jeder Begegnung überrascht er mich mit Neuem, so daß ich ihn immer wieder auf eine andere Weise erleben kann.

Asa A. Schillinger-Kind

Editorische Notiz

Die Schriften von Sören A. Kierkegaard werden nach der im Oktober 2005 im Deutschen Taschenbuch Verlag, München, erschienenen vierbändigen Ausgabe zitiert – die Angaben in Klammern verweisen auf die jeweilige Bandnummer:

- *Entweder – Oder*, übersetzt von Heinrich Fauteck (dtv 13382)
- *Die Krankheit zum Tode*, übersetzt von Walter Rest (dtv 13384)
- *Furcht und Zittern,* übersetzt von Günther Jungbluth (dtv 13384)
- *Die Wiederholung*, übersetzt von Günther Jungbluth (dtv 13384)
- *Der Begriff der Angst*, übersetzt von Rosemarie Lögstrup (dtv 13384)
- *Philosophische Brosamen*, übersetzt von B. und S. Diderichsen (dtv 13383)
- *Unwissenschaftliche Nachschrift*, übersetzt von B. und S. Diderichsen (dtv 13383)
- *Einübung im Christentum*, übersetzt von Hans Winkler (dtv 13385)

– *Zwei kurze ethisch-religiöse Abhandlungen,* übersetzt
von Walter Rest (dtv 13385)
– *Das Buch Adler oder Der Begriff des Auserwählten,*
übersetzt von Theodor Haecker (dtv 13385)

Alle Ergänzungen in eckigen Klammern innerhalb der
Kierkegaard-Zitate stammen von der Herausgeberin.